Weinszene Bordeaux

Hubrecht Duijker

Weinszene Bordeaux

Basiswissen
und
Geheimtipps

Hallwag
München und Bern

Die Originalausgabe dieses Buches erschien unter dem Titel «Het beste van Bordeaux» im Verlag Uitgeverij Het Spectrum, Utrecht

Alle Fotos im Buch stammen aus dem Archiv des Autors.

Hallwag ist ein Unternehmen des Gräfe und Unzer Verlags, München

Deutsche Übersetzung: Rosi Wiegmann, Amsterdam
Umschlaggestaltung: Robert Buchmüller
Umschlagbild: Hans-Peter Siffert, Zürich
Lektorat: Urs Aregger
Satz: Utesch GmbH, Hamburg
Druck und Einband: Eurolitho, S.R.L., Lucca (Italien)
ISBN 3-7742-0035-1

Hallwag

Inhalt

Vorwort

Dieses Buch hat ein ganz einfaches Konzept: Es weist, was den Bordeauxwein angeht, den kürzesten Weg zur Qualität. Dabei kann es sich einerseits um das Beste vom Besten handeln, anderseits aber auch um Weine, bei denen das Verhältnis von Preis und Leistung optimal ist. Auf lange Abhandlungen wird verzichtet; derartige Bücher gibt es schon zur Genüge. Ich habe in mehrerlei Hinsicht versucht, für diesen Führer die Krönung aufzuspüren, die Rosinen im Kuchen, die exquisite Auslese. Seit 1970 habe ich das Bordeaux-Anbaugebiet regelmäßig bereist, bis in die entlegensten Winkel, und dabei bekam ich Tausende von Weinen dieser großen Region zu kosten. Auf der Grundlage der dabei gesammelten Eindrücke habe ich eine (unvermeidlich persönliche) Auswahl getroffen – eine Auswahl, die meines Erachtens das Beste aus dem Bordelais vorstellt. Die Palette der Empfehlungen reicht von allen möglichen Weinen und gastlichen Weinbauern über köstliche Kombinationen von Wein und Gerichten bis zu den schönsten Châteaux und der idyllischsten Weinroute. Wohl bekomms!

Hubrecht Duijker

Bordeaux ... Das Anbaugebiet und seine Weine

Aus schriftlichen Zeugnissen und den Relikten römischer Weinberge auf der Hochebene von Saint-Emilion geht hervor, dass in der Gegend von Bordeaux, dem Bordelais, schon seit ungefähr 2000 Jahren Wein angebaut wird. In der Römerzeit geschah das nur in beschränktem Umfang, seit dem Frühmittelalter jedoch in großem Maßstab. Die Entwicklung des Weinbaus wurde vor allem von der Heirat Henry Plantagenets, des späteren Königs Heinrich II. von England, und Eleanors, der Erbin von Aquitanien, begünstigt. Mit der Eheschließung der beiden im Jahre 1152 geriet Südwestfrankreich einschließlich Bordeaux unter die Herrschaft der Engländer, und das sollte drei Jahrhunderte so bleiben. Wein aus dem Bordelais wurde in zunehmendem Maße per Schiff an die königlichen und sonstigen Keller von England geliefert. So bestellte Edward II. 1308 für seine Hochzeit mit Isabella von Frankreich eine Ladung, die mehr als eine Million Flaschen füllen würde. Das Gelände für den Weinanbau, das damals die Stadt Bordeaux umgab, wird auf mindestens

Das Große Theater von Bordeaux

100000 ha geschätzt, womit es kaum hinter der 115000 bis 120000 ha großen Fläche von heute zurückstand. Nach der Rückkehr der Franzosen im Jahre 1453 verlor der Weinbau nicht an Bedeutung. Der französische König verlieh den Kaufleuten und den Stadtverwaltern verschiedene Privilegien, darunter auch das Recht, ein eigenes Parlament zusammenzustellen. Die Größe des Anbaugebiets und der Ruf seiner Weine haben das Bordelais zur führenden Weinregion gemacht. Der «Kurs» des Bordeaux ist ausschlaggebend für die «Notierung» anderer Stillweine: Was der US-Dollar für die monetäre Welt ist, ist der Bordeaux für jene des Weins. Die an einer Biegung der Garonne gelegene Stadt Bordeaux, die Victor Hugo als eine Kreuzung von Versailles und Antwerpen bezeichnet hat, gilt als die inoffizielle Hauptstadt des Weins. Nicht zufällig findet hier alle zwei Jahre die bedeutendste Weinmesse der Erde statt, die Vinexpo.

Von der Natur begünstigt

Das gesamte Bordelais liegt im Departement Gironde, dessen westliche, ans Meer grenzende Seite vor allem aus den Nadelwäldern von Les Landes besteht. Die Rebberge konzentrieren sich auf das Einzugsgebiet der Dordogne, Garonne und der aus ihr hervorgehenden Gironde, die ins Meer mündet. An keiner Stelle liegen die Felder weiter als 30 km vom Fluss entfernt. Oft ist die Entfernung viel kleiner, etwa in dem berühmten, schmalen Gebiet Médoc. Dort heißt es, die besten Weingärten böten Aussicht auf die Gironde. Die Nähe der Flüsse und des Meeres sorgt für eine Milderung des Klimas: Extreme Temperaturen kommen selten vor. Die Winter sind mild, die Sommer warm, aber nicht zu heiß, und es fällt ausreichend Regen. Bei diesen Witterungsverhältnissen können edle Rebsorten perfekt gedeihen. Aber auch

Das Bordelais umfasst über 155 000 ha Weinberge

der Boden ist für den Qualitätsweinbau geeignet.
An vielen Stellen des Bordelais ist der Boden ausgesprochen karg und enthält viel Kiesel, hin und wieder auch Sandstein. So sind die Rebstöcke gezwungen, ihre Wurzeln weit in die Tiefe zu treiben, was dazu beiträgt, dass eine Höchstmenge an Duft- und Geschmacksstoffen aus dem Boden in die Trauben gelangt. Außerdem gibt es im Allgemeinen gute Abwässerungsanlagen, eine andere wichtige Voraussetzung für die Herstellung hochwertiger Weine. Seit Urzeiten bringen die Dordogne und die Garonne viel Geröll aus weiter Ferne mit, sogar aus den Pyrenäen und dem Zentralmassiv. Manchmal liegen die Kiesel- und anderen Steine an der Erdoberfläche, in Form von Geröllhalden und -kuppen wie etwa in Pessac-Léognan und Graves, dann stecken sie wieder unsichtbar im Boden wie zum Beispiel unter dem Lehm der Hochebene von Pomerol. Wegen ihres mannigfaltigen Ursprungs haben die Kieselschichten eine sehr komplexe Zusammensetzung. Das erklärt, warum gerade in der Gegend von Bordeaux so viele komplexe Weine bereitet werden können.

Reben und Aromen

Die kultivierteste Rebe ist der Merlot, der ein Areal von 40 000 ha einnimmt,

Cabernet Sauvignon

was einem reichlichen Drittel der gesamten Anbaufläche entspricht. Sorte Nummer zwei ist der ebenfalls blaue Cabernet Sauvignon, dessen Rebfläche etwa 25 000 ha groß ist. Diese beiden Rebsorten werden im Allgemeinen gemischt und bilden eine Einheit wie Öl und Essig. Während der Merlot die milderen, runden Akzente setzt, sorgt der Cabernet Sauvignon für die frischeren Töne und für die herbe Tanninnote. Die beiden Sorten ergänzen sich also wunderbar. Überdies hat jede ihr eigenes Aroma. Das Merlot-Aroma tendiert zu dunklem Obst (Brombeere, Kirsche, rote Johannisbeere, Pflaume), Lorbeer sowie Leder, während für den Cabernet Sauvignon die schwarze Johannisbeere (Cassis) mit einer gelegentlichen Prise Minze bzw. Paprika typisch ist. Eine dritte

Weinernte in Moulis-en-Médoc

blaue Rebsorte ist der Cabernet franc, der dem Wein ein zusätzliches Aroma – häufig Erdbeerduft – verleihen kann. Er hat fast 13000 ha Anbauareal. Andere erlaubte Varietäten sind Petit Verdot – für Tanninfärbung und Säure – Malbec – für Farbe und Struktur – und die seltene Carmenère, eine Art Melange aus Merlot und Cabernet Sauvignon. Durch die Lagerung (den Ausbau) in Eichenfässern – eine *Barrique bordelaise* enthält 225 Liter – kann der Wein ein Holzaroma bekommen, das etwa an Geröstetes oder Vanille erinnert. Bei den weißen Reben dominiert der Sémillon, der sowohl für trockene als auch für halb trockene und süße Sorten verwendet wird. Sauvignon blanc, deren Rebareal etwa 4500 ha groß ist, verwendet man für trockene Weine oft reinsortig, für süßere dagegen zusammen mit Sémillon. Vergleicht man die beiden Sorten, so hat Sémillon den volleren, milderen Geschmack nebst einem Aroma von Zitrusfrüchten, Aprikosen und Lakritze, während Sauvignon leichter und frischer ist und einen Anflug von Stachelbeeren enthält. Von den anderen weißen Sorten verdient nur die frische, aromatische Colombard Erwähnung. Der bessere Weißwein wird – genau wie der bessere Rotwein – in Fässern gelagert, und die edleren trockenen und süßen Weißweine lässt man ebenfalls auf Holz gären.

Über fünfzig Herkunftsbezeichnungen

Das Bordelais umfasst 57 verschiedene Herkunftsbezeichnungen. Manche Herkunftsgebiete sind kleiner als 200 ha (zum Beispiel Saint-Georges-Saint-Emilion), andere sind riesig (etwa die *Appellation contrôlée* Bordeaux). Viele Gebiete erzeugen ausschließlich Rotweine, andere nur Weißweine, aber es gibt auch Herkunftsbezeichnungen, die für Rot- und Weißwein gelten oder bei denen es Überschneidungen gibt. In der ausgedehnten, dreieckigen Zone zwischen Dordogne und Garonne gibt es Weingüter, die roten Bordeaux, trockenen weißen Bordeaux und Entre-Deux-Mers, bisweilen auch noch Rosé (oder dessen Äquivalent, den Bordeaux clairet) sowie den moussierenden Crémant de Bourgogne liefern.

In den Premières Côtes de Bordeaux am östlichen Ufer der Garonne stellen die meisten Châteaux roten Premières Côtes de Bordeaux, die halb süße weiße Version und trockenen weißen Bordeaux her. Dazu kommt manchmal noch roter Bordeaux beziehungsweise Bordeaux Supérieur und Bordeaux rosé oder clairet und hin und wieder auch der süße Cadillac. In fast allen Spitzendistrikten (ausgenommen Graves und Pessac-Léognan, wo der Rote und der Weiße von hoher Güte sein können) hat man sich jedoch spezialisiert, sodass jeder Winzer im Prinzip eine bestimmte Rot- oder Weißweinsorte liefert.

Châteaux und Klassifikationen

Das Konzept der Châteaux gibt es nur im Bordelais. Das Wort steht für drei verschiedene Dinge: das betreffende Gebäude (bei dem es sich wirklich um ein Schloss, aber genauso gut um eine Villa oder ein Bauernhaus handeln kann), das gesamte Weingut und den dort erzeugten Wein. Den Einfall, dem Wein den Namen des Gutes zu geben, hatte die Familie Pontac im 17. Jahrhundert, als sie im Besitz von Château Haut-Brion war. Zurzeit sind rund 9000 Châteaunamen registriert. Wie viele davon tatsächlich existieren, weiß man nicht, denn ein paar tausend Namen beziehen sich auf Zweitmarken oder andere Nebenprodukte. Um aus all den Châteaux die

Erntearbeiter auf dem Heimweg

Rostfreie Edelstahltanks sind im Bordelais weit verbreitet

besten auswählen zu können, hat man 1855, anlässlich der Weltausstellung, eine Klassifikation (Appellation Contrôlée, AC) eingeführt, die heute noch in Gebrauch ist. Sie basiert auf den über fünf Jahrzehnte hinweg erzielten Verkaufspreisen. Da die roten Médoc-Weine (und der Château Haut-Brion aus Graves; insgesamt 61 Marken) sowie die süßen Weißweine aus Sauternes und Barsac (26 Marken) die höchsten Erträge abwarfen, wurden nur Châteaux mit diesen Herkunftsbezeichnungen klassifiziert. Es sollte noch ungefähr ein Jahrhundert dauern, bis auch andere Regionen eine Klassifikation aufstellten. Saint-Emilion tat das im Jahre 1954, und Graves folgte 1959. Nur Saint-Emilion revidiert seine Klassifikation regelmäßig, nämlich alle zehn bis zwölf Jahre, sodass auf seinen Wein am meisten Verlass ist.

Hier werden Rotweine von höheren Qualitäten gelagert

PREISREGELUNG

In seinem faszinierenden, außergewöhnlich detaillierten Buch 1855 (die englische Ausgabe ist bei John Wilson and Sons erschienen, die französische bei Editions Féret) zeigt der amerikanische Autor Dewey Markham, Jr. auf, dass der Preis nach wie vor ein wichtiges Indiz für die Güte des Weins und für seinen Rang in der Klassifikation von 1855 darstellt. In dieser Klassifikation werden die 61 Châteaux in fünf Kategorien eingeteilt. Anno 1866 warf ein Deuxième cru classé halb so viel ab wie ein Premier, und siehe da, beim En-primeur-Kauf anno 1998 gilt noch das Gleiche! Auch das Preisverhältnis zwischen einem Deuxième cru classé und einem Cru bourgeois aus dem Médoc liegt fest: 1866 kostete der höher eingestufte Wein im Durchschnitt elfmal und 1998 zehnmal so viel wie der «bürgerliche» Wein. In der Klassifikation von 1855 hat es (abgesehen von Namenswechseln) bisher nur eine einzige Korrektur gegeben und auch die erst nach vielen Bemühungen des verstorbenen Barons Philippe de Rothschild – den Aufstieg des Château Mouton-Rothschild aus der zweiten in die erste Klasse. Ob es je eine weitere Korrektur geben wird, ist sehr zu bezweifeln. Die Klassifikation von 1855 scheint ebenso zu den französischen Nationalheiligtümern zu gehören wie der Arc de Triomphe.

Die allerbesten …
Médoc-Weine

Die Winzer in anderen Regionen träumen davon, einen Wein von ähnlicher Güte zu erzeugen, und die Bordeaux-Liebhaber träumen davon, sie zu trinken: die besten *Crus classés* aus dem Médoc. Denn das sind nicht nur die auserlesensten, berühmtesten Rotweine des Bordelais, sondern von ganz Frankreich und womöglich der ganzen Welt. Und sie kosten viel Geld. Weine wie der Château Margaux oder der Château Mouton-Rothschild haben schon durch ihre Namen eine Ausstrahlung wie Cartier oder Rolls-Royce. Sie verkörpern höchste Vollendung, Luxus und Finesse. Diese Elitekategorie besteht aus den folgenden, alphabetisch geordneten und beschriebenen Châteaux. Bei der Beurteilung wurde von relativ jungen Jahrgängen ausgegangen.

Château Cos d'Estournel – Deuxième cru classé, Saint-Estèphe
Dieser Wein ist fast immer sehr intensiv in Farbe und Geschmack, besitzt das bestmögliche Tannin, einen vollen, kernigen Geschmack mit Anklängen an reifes Obst (Kirsche, schwarze Johannisbeere), das bestmögliche Holz (zu 50 bis 100% neue Fässer) sowie Schokolade, Kaffee und Gewürze.

Ch. Clos d'Estournel

Château Ducru-Beaucaillou – Deuxième cru classé, Saint-Julien

Dieser auf klassische Art und Weise vinifizierte Wein, der mindestens anderthalb Jahre in Fässern ausgebaut wird, welche zur Hälfte neu sind, bietet eine besonders harmonische Kombination von Farbe, Kraft, Finesse und Frucht. Er muss im Allgemeinen zehn bis zwanzig Jahre reifen.

Château Gruaud-Larose – Deuxième cru classé, Saint-Julien

Bei diesem Saint-Julien ist das Prädikat «aristokratisch» angebracht. Der Wein hat einen eher distinguierten als überschwänglichen, eher tanningeprägten als offenen und geschmeidigen Charakter. Es dauert auch lange, bis er seine Blume entfaltet. Neben dem Tannin macht sich auch Frucht mit würzigen Holznuancen bemerkbar.

Ch. Lafite-Rothschild

Château Lafite-Rothschild – Premier cru classé, Pauillac

Ein perfektes Gleichgewicht zwischen reinem, reifem Beerenobst, milden Gewürzen, Zedernholz, Grafitstaub und wunderbar damit verschmolzenem, feinem Tannin zeichnet den Lafite-Rothschild aus. Im Lauf der Zeit bekommt dieser komplexe Wein seine seidige Struktur. Und er hat einen minutenlangen Abgang. Kurzum, kultivierte Fülle.

Ch. Gruaud-Larose

Château Latour –
Premier cru classé, Pauillac
Zur Beschreibung des Latour sind nur Superlative geeignet. Der Wein ist eine überragende Kreation, in der sich kräftige, reife Tannine mit einem intensiven, wuchtigen und zugleich unglaublich nuancierten Geschmack vereinen, der häufig Elemente von schwarzer Johannisbeere, gebrannten Nüssen, Leder, Lorbeer und Eiche enthält.

Château Léoville-Barton –
Deuxième cru classé, Saint-Julien
Dieser Saint-Julien ist intensiv und komplex, mit betörender Frucht (schwarze Johannisbeere, Heidelbeere, Brombeere), reichlich Tannin, Edelholz (die Hälfte der Ausbaufässer ist neu) und unverwechselbarem Stil. Man lässt ihn traditionell in großen Eichenbottichen gären.

Château Léoville-Las-Cases –
Deuxième cru classé, Saint-Julien
Dieser Wein besitzt so viel Qualität und Kraft, dass er in die Spitzenklasse der Bordeauxweine gehört. Er hat eine intensive Farbe und ein Langzeitaroma voller rauchiger Holztöne (die Fässer sind zu 90% neu) und mit sehr viel Frucht. Diese und andere Nuancen kehren in seinem vorzüglichen, konzentrierten Geschmack wieder.

Château Léoville-Poyferré –
Deuxième cru classé, Saint-Julien
Seit den 1990er-Jahren ist dieser Wein wieder sehr exklusiv, dank seiner dunklen Farbe und seines extraktreichen Geschmacks, in dem viel Konfitüre aus dunklen und roten Früchten mitschwingt. Außerdem wird er von solidem Tannin und Edelholz geprägt

Ch. Léoville-Barton

Ch. Léoville les Cases

(die Ausbaufässer sind zur Hälfte bis zu drei Vierteln neu).

Château Lynch-Bages –
Cinquième cru classé, Pauillac

Der Lynch-Bages besitzt gewöhnlich viel Farbe, Extraktstoffe, Frucht, Intensität, Geschmack und – gut integriertes – Tannin. Überdies verfügt dieser Pauillac über reichlich dunkle Früchte, einen Anflug von Minze und schöne Holztöne. Seine Qualität übersteigt den Rang eines *Cinquième cru* beträchtlich.

Château Malescot-Saint-Exupéry –
Troisième cru classé, Margaux

In der zweiten Hälfte der 1990er-Jahre hat sich der Malescot bedeutend verbessert. Er verfügt neben der vielen Farbe häufig über ein köstliches Beeren- und Kirschenaroma, das manchmal einen blumigen Einschlag hat, während kraftvolles, integriertes Tannin für die solide Basis sorgt.

Château Margaux –
Premier cru classé, Margaux

Einerseits besitzt dieser brillante Wein seidige Eleganz, anderseits eine markante, ausladende Fruchtigkeit, die mit einem lieblichen Anflug von Frühlingsblumen, einem herrlichen Holzaroma (die Fässer sind zu 100% neu) und einem Nachklang von Tannin einhergeht. Dieser einzigartige Margaux ist graziös und kraftvoll zugleich.

Château Montrose –
Deuxième cru classé, Saint-Estèphe

Seit 1989 ist dieser Wein wirklich gewaltig. Davon zeugen die massive, undurchsichtige Farbe, das kompakte und doch nuancierte Bukett, der expansive, komplexe Geschmack und der besonders lange Abgang. Sein Aroma ist ausgesprochen fruchtig und würzig, das Holz ausgezeichnet (bei 19-monatiger Lagerung in Fässern, die zu einem Drittel neu sind).

Ch. Palmer

Château Mouton-Rothschild – Premier cru classé, Pauillac
An diesem Pauillac fallen die üppige, intensive Fruchtigkeit auf (Beeren, Kirsche), die reiche Struktur, das volle, reife Tannin, die markanten Holzaspekte (zu 100% neue Fässer; viele Toasttöne) und die subtilen Abstufungen von Kräutern, Leder und Blumen.

Château Palmer – Troisième cru classé, Margaux
Nach strenger Selektion und einem bis zu zwei Jahren währenden Ausbau im Fass entsteht dieser exquisite, betörende Wein, der sich mit seinem blumigen, von sanften Fruchttönen leicht dominierten Duft sofort einschmeichelt. Sein stilvoller Geschmack wird von der gleichen zurückhaltenden Fruchtigkeit sowie von angeröstetem Holz und wuchtiger Eleganz geprägt.

Château Pichon-Longueville Comtesse de Lalande – Deuxième cru classé, Pauillac
Wenn dieser zur Hälfte in neuen Fässern ausgebaute Wein trinkreif ist, ist er samtig-rund und hat einen attraktiven, ziemlich eleganten Geschmack mit Nuancen von dunkler Früchtemarmelade, Gewürzen, Sahne, Toasttönen und edlen, integrierten Tanninen.

Château Rauzan-Ségla – Deuxième cru classé, Margaux
Unter der Leitung der Chanel-Gruppe erreichte dieser Margaux erneut das Niveau eines sehr beachtlichen *Deuxième cru*. Er hat eine solide Farbe, Toasttöne (die Fässer sind zu 50 bis 60% neu), sanfte, aber volle Tannine, ein köstliches Aroma aus reifen Früchten mit einer Prise Veilchen und viel Extrakt.

ANDERE ZEITEN

Die Weingüter im Médoc sind heutzutage sehr erfolgreich, aber das war nicht immer so. Zu Beginn des 20. Jahrhunderts kursierte in der Stadt Bordeaux folgende Redensart: «Es gibt drei Wege, sein Geld zu verlieren: mit einer Tänzerin, einem Rennpferd oder einem Château im Médoc, wobei der letzte am schnellsten und sichersten ist.»

Links: Ch. Pichon-Longueville. Rechts: Ch. Pichon-Longueville Comtesse de Lalande

Das best... gehütete Weingeheimnis

Es gibt einen kleinen Bordeauxbereich, den kaum jemand kennt, und diejenigen, denen der Name bekannt ist, haben ihn in Zusammenhang mit einer Weinsorte gehört, die inzwischen nur noch selten hergestellt wird. Man trifft dort auf erstaunlich hochwertige Weiß- und Rotweine. Das kleine Gebiet trägt den Namen Sainte-Foy Bordeaux. Es darf als das bestgehütete Weingeheimnis des Bordelais gelten.

Das Gebiet Sainte-Foy Bordeaux wurde nach Sainte-Foy-la-Grande, einer Provinzstadt an der Dordogne, benannt. Der Ort liegt nahe an der Grenze zum Departement Dordogne. Sein Zentrum besteht aus schmalen, geraden Straßen voller alter Bauten. Die landschaftliche Umgebung wird von sanften Hügeln mit vielen kleinen Tälern geprägt. Weingärten, Wälder und Wiesen wechseln sich ab. Hier herrscht sagenhafte Ruhe. Die meisten Rebstöcke stehen an den Hängen oder auf Anhöhen. Da der Boden nicht nur Lehm und Kalk, sondern auch viel Kiesel enthält, können hier hochwertige Weine bereitet werden, was jedoch schon seit mehreren Generationen nicht mehr geschah. Sainte-Foy Bordeaux hat bis zum Anfang der 1990er-Jahre vor allem ein paar gleichnamige halb trockene Weißweine geliefert, während die meisten Rotweine anonym in Markenweine der AC Bordeaux oder Bordeaux Supérieur eingegangen sind.

Als 1994 Robert Barrière den Vorsitz des Weinbauernsyndikats übernahm, änderte sich das in kürzester Zeit grundlegend. Der wichtigste Schritt bestand in der Ausarbeitung eines Qualitätsstatuts, das jeder Winzer unterschreiben muss,

Ch. de Rabouchet – eines der führenden Bordeaux-Weingüter

der die Herkunftsbezeichnung Sainte-Foy Bordeaux führen will. Diese *Charte de qualité* erlegt den Winzern eine Reihe von Verpflichtungen auf: Sie dürfen für den Sainte-Foy Bordeaux nur die besten Trauben verwenden, und der Merlot-Anteil muss beim Rotwein mindestens 50% betragen. Die Charta enthält auch Vorschriften für die Arbeit im Weinberg, den Zeitpunkt der Weinlese und die Methode der Weinbereitung. Außerdem muss der Wein in der Heimatregion auf Flaschen gezogen werden, denn, um mit Robert Barrière zu sprechen: «Unsere Weine sollen nicht mehr dazu dienen, andere Bordeauxweine aufzubessern.»

Dank der *Charte de qualité* ist die Durchschnittsqualität des Sainte-Foy Bordeaux sprunghaft angestiegen. Bestimmte trockene Weißweine wie der Château Hostens-Picant erinnern an einen guten Graves oder Pessac-Léognan, und auch die besseren Rotweinsorten könnte man mit bekannten Herkunftsbezeichnungen verwechseln. Süße Weißweine werden in Sainte-Foy Bordeaux nach wie vor erzeugt, wenngleich sie nun zu mindestens 60% aus Sémillonreben bestehen müssen, die 15 Jahre alt sind. Der Geschmack des süßen Sainte-Foy Bordeaux ist dadurch viel voller geworden.

Die schönsten … Châteaux im Bordelais

Im Bordelais sind mindestens 10000 Châteaux registriert. Hinter manchen verbirgt sich nur eine Weinmarke, andere sind Bauernhöfe oder geräumige Wohnungen, aber in vielen Fällen handelt es sich tatsächlich um Schloss-, Tempel- oder Palaisbauten. Hier eine Liste der bemerkenswertesten Châteaux:

Ch. d'Agassac

Ch. Beychevelle

Die Halbinsel Médoc

Château d'Agassac (Ludon)
Komplette mittelalterliche Burganlage mit spitzen Türmen. Es handelt sich um eines der ältesten Bauwerke des Médoc.

Château d'Arsac (Arsac)
Wunderbar erhaltenes Schloss aus dem 19. Jahrhundert, das mit seinen kräftigen Farben für überraschende visuelle Effekte sorgt. Hier wird regelmäßig moderne Kunst ausgestellt.

Château Beychevelle (Saint-Julien-Beychevelle)
Prachtvoller, im Stil Ludwigs XV. wiederaufgebauter Komplex mit einem farbenfrohen Blumengarten an der Vorderfront und einer herrlichen Freitreppe an der Rückseite, die Aussicht über einen symmetrischen französischen Garten mit Standbildern bietet. In der Ferne sieht man die Gironde.

Château Cantenac-Brown (Cantenac)
Dieses Château wurde gegen Ende des 19. Jahrhunderts in britisch-viktorianischem Stil erbaut.

Château Cos d'Estournel (Saint-Estèphe)
Als der Schlossherr Louis Gaspard d'Estournel entdeckt hatte, dass sich sein Wein verbesserte, wenn er ihn per Schiff nach Nahost verfrachtete, verpasste er seinem Château ein orientalisches Dekor. Daher erheben sich über diesem Weintempel pagodenhafte Glockentürme.

Ch. d'Issan

Château d'Issan (Cantenac)
Verwinkeltes Schloss mit Burggraben, das aus dem 17. Jahrhundert stammt und unter Denkmalschutz steht.

Château Lafite-Rothschild (Pauillac)
Das stilvolle Château steht auf einer Anhöhe. Es strahlt zeitlose Eleganz aus, trotz seiner üppig eingerichteten Salons (die der Besucher meist nicht zu sehen bekommt). Die Fässer lagern in einem Keller, dessen experimentelle Rundform von einem katalanischen Architekten entworfen wurde.

Château Lagrange (Saint-Julien-Beychevelle)
Nach der Übernahme des damals recht heruntergekommenen Lagrange hat der neue Besitzer, der japanische Getränkeriese Suntory, keine Kosten gescheut, um das Weingut in alter Herrlichkeit zu restaurieren. Man hat sogar einen früheren Turm nach einem alten Stich rekonstruieren lassen.

Château de Lamarque (Lamarque)
Eindrucksvolles, überwiegend im 14. Jahrhundert erbautes Schloss, das gehegt und gepflegt wird. Es ist mit Antiquitäten eingerichtet.

Château Margaux (Margaux)
Am Ende einer von hohen Bäumen gesäumten Einfahrt erhebt sich das fotogenste Schloss des Bordelais: Château Margaux. Seine Vorderfront wird von einem breiten Treppenaufgang und vier hohen Säulen beherrscht, und auf der Rückseite befindet sich eine große Freitreppe mit Aussicht über den Park. Auch die Fasskeller lohnen einen Besuch.

Château Pichon-Longueville (Pauillac)
Der flamboyante Kellerkomplex aus hellem Gestein, der vor dem eigentli-

chen Château steht, ist das Ergebnis eines Architekturwettbewerbs.

Château du Taillan (Le Taillan)

An diesem Weingut vor den Toren der Stadt Bordeaux sind nicht nur das Château aus dem 18. Jahrhundert und der ausgedehnte Park voller Standbilder interessant, sondern auch der 300 Jahre alte Keller, der unter Denkmalschutz steht.

Graves und Sauternes

Château La Louvière (Léognan)

Das Château auf dieser Zeichnung von Victor Louis (vom Grand Théâtre in Bordeaux) wirkt wie eine kleinere, flachere Ausgabe des Schlosses von Margaux. Es besitzt ebenfalls einen imposanten Treppenaufgang mit vier Säulen.

Château de Malle (Fargues)

Dieses Gebäude aus dem 17. Jahrhundert mit seinem Turm, der an eine überdimensionierte Pfeffermühle erinnert, ist das einzige historische Baudenkmal von Sauternes. Es wird von einem italienischen Skulpturenpark umgeben. Im Hausinneren sind zahlreiche Kunstgegenstände zu besichtigen, darunter die größte Silhouettensammlung Europas. Die Silhouetten sind Holzpuppen, die auf der Bühne eingesetzt werden.

Ch. du Taillan

Ch. de Malle

Château Olivier (Léognan)
An einem ausgedehnten Landgut gelegenes Schloss, dessen ältester Teil aus dem 12. Jahrhundert stammt.

Château Smith-Haut-Lafitte (Léognan)
Seit 1962 ist dieses Château in mehreren Etappen neu aufgebaut worden. Im inmitten von Rebstöcken gelegenen, sehr geschmackvollen Komplex werden neben dem Weingeschäft ein Hotel, ein vorzügliches Restaurant und eine Schönheitsfarm betrieben – dort wird auch Weinkosmetik eingesetzt.

Entre-Deux-Mers

Château de Plassan (Tabanac)
Das Schloss gehört zum Herkunftsgebiet Premières Côtes de Bordeaux und ist ein harmonisches Beispiel für neoklassizistische Architektur. Das Schloss entstand am Ende des 18. oder zu Beginn des 19. Jahrhunderts.

Das rechte Ufer der Dordogne und Gironde:

Château de Beauregard (Pomerol)
Ein Schüler des berühmten Victor Louis hat dieses Schmuckstück entworfen. Es hat eine breite Freitreppe auf der Rückseite, die von zwei Ecktürmen flankiert wird. Einem Amerikaner stach dieses Château so in die Augen, dass er es auf Long Island nachbauen ließ.

Château du Bouilh (Saint-André-de-Cubzac)
Wäre der Bau je vollendet worden, würde es sich um das größte Weinchâteau der ganzen Region handeln. Auch in unfertiger Form ist es noch imposant. Der gefeierte Victor Louis hat es als Halbkreis entworfen, in dessen Mittelpunkt eine Kapelle steht.

Ch. de Plassan

Château Haut-Sarpe (Saint-Christophe-des-Bardes)
Auf der höchsten Erhebung der Gemeinde (Herkunftsbezeichnung Saint-Emilion) erhebt sich ein Château, dessen zentraler Pavillon dem Trianon in Versailles nachempfunden wurde.

Château Mendoce (Villeneuve)
Mit seinen runden Festungstürmen, seinen Mauern aus rohen Steinblöcken und seinem schlichten Äußeren ist dieses Schloss eines der seltenen Beispiele für die rurale Architektur des 15. und 16. Jahrhunderts im Departement Gironde. Sein Wein ist ein Côtes de Bourg.

Château de la Rivière (La Rivière)
Der Ursprung dieses hoch über der Dordogne thronenden Fronsac-Schlosses reicht bis ins 13. Jahrhundert zurück. Eingeklemmt zwischen viereckigen und runden Türmen, bietet das Hauptgebäude Aussicht auf einen schönen Hof mit Freitreppe und ein prachtvolles Panorama im Hintergrund. Auch unter der Erde gibt es einiges zu besichtigen.

Château Saint-Georges
Das von Victor Louis 1770 erbaute Château hat eine symmetrische Form und eine majestätische Ausstrahlung. Es ist der bedeutendste Besitz im Gebiet von Saint-Georges-Saint-Emilion.

Die besten …
roten Bordeaux und Bordeaux Supérieurs

Über die Hälfte aller Rebberge des Bordelais liefert Weine der AC-Kategorien Bordeaux und Bordeaux Supérieur. Die Gesamtmenge ist Schwindel erregend: Es handelt sich um über 300 Millionen Liter im Jahr. Der «einfache» Bordeaux (der zu drei Vierteln rot ist) stellt den Löwenanteil. Er wird auf einer ungefähr 50 000 ha großen Fläche angebaut, während der Bordeaux Supérieur (der zu 99% rot ist) auf höchstens 10 000 ha wächst. Die beiden Appellationen unterscheiden sich hinsichtlich des Ertrags pro Hektar: Beim Bordeaux Supérieur ist er ein Zehntel niedriger. Der Bordeaux verschwindet zu etwa zwei Dritteln anonym in Misch- und Markenweinen von Handelshäusern und Importeuren, doch der Bordeaux Supérieur wird überwiegend auf dem Weingut abgefüllt. In beiden AC-Kategorien gibt es unglaubliche Qualitätsschwankungen. So reicht die Skala des roten Bordeaux von fad und kurz bis zu rund und wuchtig. Eine strenge Selektion ist also unbedingt notwendig. Auf die im Folgenden genannten Güter kann man sich im Prinzip blindlings verlassen, da sie auch in mageren Jahren gute Weine abzuliefern pflegen.

Château Les Arromans (Moulon)
Körperreicher roter Bordeaux, Cuvée Prestige, von würzigem Holz und Vanille gekennzeichnet. Die einfache Version ist durch die Frucht auch sehr angenehm.

Château de l'Aubrade (Rimons)
Attraktiver, im Fass ausgebauter Bordeaux Supérieur, ein ausgewogener roter Bordeaux. Der erfrischende Rosé, der aus Cabernet franc erzeugt wird, ist ebenfalls empfehlenswert.

Château de Balestard (Saint-Quentin-de-Baron)
Ziemlich samtiger Bordeaux Supérieur, der im Geschmack von Heidelbeeren, Brombeeren und getrockneten Pflaumen sowie gut integriertem Tannin geprägt wird.

Château Barreyre (Macau)
Aus dem südlichen Médoc stammender Bordeaux Supérieur, der in gebrauchten Fässern lagert. Er hat einen reinen Geschmack mit Noten von Beerenfrüchten und Lakritze.

Château Bauduc (Créon)
Wiederholt ausgezeichneter Bordeaux Supérieur mit kultiviertem Tannin und Nuancen von dunklen Früchten, Leder und Unterholz. Er reift ein halbes Jahr in Fässern.

Château Beaulieu Bergey (Sainte-Foy-la-Longue)
Der rote Bordeaux dieses gastlichen Familiensitzes zeigt im Allgemeinen viel Farbe und hat einen körperreichen Geschmack mit Holztönen.

Château Beauregard-Ducourt (Targon)
Angenehm fruchtiger roter Bordeaux mit energischem Charakter, der schon jung sehr schmackhaft ist.

Château Bel Air (Naujan-et-Postiac)
Hier wird neben köstlichem Weißwein ein herrlicher Rotwein erzeugt. Reifes Obst und diskretes Holz verleihen ihm ein beachtliches Format.

Château Belle-Garde (Génissac)
Schon der einfache Rotwein ist recht lobenswert, aber der Cuvée Elevée und der Fût de Chêne sind mit ihren Anklängen an Frucht, Minze und Holz kräftiger und aromatischer.

Château Belle Ile (Gauriac)
Die Rebe stammt von einer Gironde-Insel. Der Wein, ein Bordeaux Supérieur, schmeckt fruchtig, geschmeidig und elegant auf einem Hintergrund von Eiche.

Château de Bonhoste (Saint-Jean-de-Blagnac)
Hier reift in unterirdischen Kellern (früher zu einem Steinbruch gehörig) ein Bordeaux Supérieur heran, der im Allgemeinen viel Körper und Frucht hat.

Château Bois Noir (Maransin)
Der Name dieses Château stellt die Gerüche des Waldes in Aussicht, aber der Bordeaux Supérieur duftet und schmeckt hier eher nach dunklen und roten Früchten und ein wenig Holz.

Ch. Bonnet

Château Bonnet (Grézillac)
Auf diesem umfangreichen Modellgut werden vorbildliche Weine hergestellt, darunter ein nahezu perfekter roter Bordeaux und ein im Fass ausgebauter Réserve.

Château les Bouzigues (Sainte-Gemme)
Das kleine Weingut liefert einen kernig-wuchtigen Bordeaux Réserve mit einem Aroma voller Toasttöne und reifem Obst: große Klasse.

Château Bran de Compostelle (Frontenac)
Von den Weinen dieses acht Jahrhunderte alten Gutes verdient sowohl der rote Bordeaux Beachtung als auch der Bordeaux Supérieur, der mehr Tiefe und Tannin besitzt und im Fass gereift ist.

Château Brande-Bergère (Les Eglisottes-et-Chalaures)
Hier ist der im Fass ausgebaute Bordeaux Supérieur der beste Wein. Er enthält Nuancen von kandierten Früchten und Gewürzen.

Château de Brondeau (Arveyres)
Die Frucht dieses Bordeaux Supérieur ist überwiegend pflaumig und tendiert zu Marmeladegeschmack. Überdies wird der gut konzentrierte Wein im Fass ausgebaut.

Château Brown Lamartine (Cantenac)
Die Bezeichnung *Cru classé* Château Cantenac-Brown (Margaux) bürgt für diesen elegant-energischen Bordeaux Supérieur voller Frucht und Holz.

Merlot – die verbreitetste blaue Traubensorte im Bordelais

Château de Bru (Saint-Avit-Saint-Nazaire)
Das reichhaltige Weinspektrum enthält nicht nur einen liebenswürdigen roten Bordeaux, sondern auch einen guten, von Toast und Vanille gekennzeichneten Bordeaux Supérieur.

Château de Camarsac (Camarsac)
Ein roter Bordeaux modernen Stils und voll reifer Frucht und eine im Fass gereifte *Sélection*, die etwas mehr Körper und Tiefe besitzt.

Château Castenet-Greffier (Auriolles)
Ein vorbildlicher, gut vinifizierter Bordeaux Supérieur, der meist ein Jahr lang in Barriques gelagert wird.

Château La Commanderie de Queyret (Saint-Antoine-du-Queyret)
Der im Fass ausgebaute Bordeaux Supérieur macht hier das Rennen. Es handelt sich um eine reiche und volle, ausgewogene Kreation.

Château de Cornemps (Petit-Palais-et-Cornemps)
Bordeaux Supérieur Cuvée Prestige mit konfitürenartiger Frucht, geschmeidigen Tanninen und zarten Rösttönen von der Fassreifung.

Domaine de Courteillac (Ruch)
Ein exemplarischer Bordeaux Supérieur auf einem stabilen Fundament aus Holz und Tannin, während der konzentrierte Geschmack auch viel Frucht enthält.

Château de Crain (Baron)
Der verschiedentlich ausgezeichnete Bordeaux Supérieur duftet und schmeckt meist ein bisschen nach Backpflaume und besitzt einen energischen Körper.

Château de Cugat (Blasimon)
Die beste Qualität bietet die Cuvée Francis Meyer. Das ist ein reinsortiger Merlot, im Fass gereift (teilweise auch gegoren), elegant-energisch und komplex.

Château Damase (Savignac-de-l'Isle)
Ein von dunklen und roten Früchten geprägter Bordeaux Supérieur. Er enthält auch Spuren von Lakritze, Lorbeer, Kräutern und Schokolade.

Château Ducla (Saint-Exupéry)
Eigentlich sind alle Weine, die die Familie Mau hier erzeugt, köstlich, allen voran der lange im Fass ausgebaute Cœur de Cuvée, ein roter Bordeaux.

Château de Fontenille (La Sauve Majeure)
Der Spitzenwein des Gutes ist ein Bordeaux Supérieur Cuvée Prestige. Seine Merkmale sind die integrierten Tannine, die zu Marmelade tendierenden Cassisfrüchte sowie der vollmundige Geschmack.

Château La France (Beychac-et-Caillau)
Ein kräftiger Bordeaux Supérieur, in dem neben Holz und Vanille auch Beeren, Pflaumen und tierische Geruchsnoten auffallen.

Château La Freynelle (Daignac)
Die rote Cuvée Emotion aus der AC-Kategorie Bordeaux ist sahnig-voll und hat Körper und Tiefe. Der Wein lagert mindestens zehn Monate in Fässern.

Château de la Garde (Saint-Romain-la-Virvée)
Das Gut, das von Ilja und Turf Gort liebevoll renoviert wurde, liefert einen überragenden Bordeaux Supérieur und einen fruchtigen Rosé.

Château Le Gardera (Langoiran)
Ein Bordeaux Supérieur mit einem recht kräftigen Geschmack, in dem

Ch. La Freynelle

neben dem korrekten Fruchtanteil Gewürze, Schwüle und gute Tannine mitschwingen.

Château Grand Bireau (Naujan-et-Postiac)
Ein tiefdunkler, dicker roter Bordeaux, dessen anhaltender Nachgeschmack Lakritze, Lorbeer und Holztöne (durch etwa 16 Monate Fassreifung) enthält.

Château Grand-Jean (Soulignac)
Im Gegensatz zu vielen anderen Bordeaux Supérieurs dominiert in diesem nicht der Merlot, sondern der Cabernet Sauvignon. Er hat recht viel dunkle Frucht und Holz.

Château Grand Monteil (Salleboeuf)
In einer Halle für die Fässer, die von Eiffel gebaut wurde, reift hier ein empfehlenswerter Bordeaux Supérieur heran, in dem Frucht, Tannin und ein wenig Holz harmonisch aufeinander abgestimmt sind.

Château Le Grand Verdus (Sadirac)
Dieser Bordeaux Supérieur besteht in zwei Fassungen: als altbewährte Cuvée Tradition und als holzhaltigere Cuvée Réservée.

Château Grand Village (Mouillac)
Eines der Geheimnisse, die sich hinter dem hohen Niveau des Bordeaux

In der Region Entre-deux-Mers

Supérieur verbergen, ist die strenge Auswahl. Der Wein von diesem Château schmeckt voll, fruchtig, konzentriert und subtil nach Holz.

Domaine de la Grave (Beychac-et-Caillau)
Eine köstliche, extraktreiche Cuvée Prestige, die dank des hohen Merlot-Anteils Spuren von Lorbeer, Leder und dunklen Früchten aufweist. Durch die Lagerung in Fässern kommen noch Holz und Vanille hinzu.

Château Haut-Mallet (Soulignac)
Neben einem guten und seltenen weißen Bordeaux Haut-Benauge macht man hier einen roten Bordeaux Supérieur mit Frucht, Holz, einer Prise Karamell und Tannin.

Château l'Hoste Blanc (Sadirac)
Der Bordeaux Supérieur lagert normalerweise ein Jahr in Fässern. Er hat einen nuancenreichen Geschmack, in dem sich reife Früchte mit Toast und Gewürzen mischen.

Château Lescalle (Macau)
Von diesem Médoc-Gut kommt das Musterbeispiel eines guten Bordeaux Supérieur: dunkle Farbe, dunkle und rote Früchte, edles Holz und reifes Tannin.

Château Lestrille Capmartin (Saint-Germain-du-Puch)
Die Cuvée Prestige, ein Bordeaux Supérieur, schmeckt deutlich nach Holz (einschließlich Toast und Schokolade) sowie nach Merlot (dunkle Früchte, Lorbeer).

Château Majureau-Sercillan (Salignac)
Nach einigen Jahren Flaschenlagerung zeichnet sich der im Fass ausgebaute Bordeaux Supérieur durch einen ausgewogenen Geschmack (Holz, Tannin, Frucht) und vorzügliche Qualität aus.

Château Marjosse (Tizac de Curton)
Ein milder, ziemlich konzentrierter Bordeaux Cuvée Pierre Lurton, der nicht nur von Holz, sondern auch von dunklen Früchten und Gewürzen geprägt wird.

Château Méaume (Maransin)
In englischer Hand befindlicher Besitz, der einen köstlichen Bordeaux Supérieur mit viel Duft und Geschmack liefert: Lorbeer, Gewürze, Brombeermarmelade, Kirsche, Toast und Tannin.

Château Milary (Fronsac)
Leider gibt es nur wenig von dem samtigen Bordeaux Supérieur, den der Mitinhaber von Château Pétrus erzeugt. Er reift in Fässern, duftet und schmeckt nach dunkler Frucht.

Château Montlau (Moulon)
Das Weingut liegt hoch über der Dordogne. Der im Fass ausgebaute Bordeaux Supérieur ist von hoher Güte.

Nach der Gärung wird der Behälter abgepumpt

Château La Mothe du Barry (Moulon)
Die rote Cuvée Design besteht aus einem in *Barriques* ausgebauten, soliden Bordeaux mit hohem Merlot-Anteil und reichlich Frucht sowie anderen Nuancen.

Château Panchille (Arveyres)
Der einfache Bordeaux Supérieur ist auch in weniger guten Jahrgängen wohl geraten, aber die teilweise im Fass gereifte Cuveé Alix ist noch komplexer und kompletter.

Château de Parenchère (Ligueux)
Die Cuvée Raphaël Gazaniol wurde einmal zum besten aller Bordeaux Supérieurs gekürt. Das ist bei diesem körperreichen und nuancenreichen Wein auch kein Wunder.

Château Pascaud (Galgon)
Ein Fronsac-artiger, solider Bordeaux Supérieur mit Elementen von Leder, schwarzer Kirsche, Lakritze und reichlich Holz.

Château Penin (Génissac)
Ein ausgezeichneter Bordeaux Supérieur Tradition und eine noch bessere Cuvée Sélection, die mehr Geduld erfordert. Auch der rosafarbene Bordeaux clairet ist hervorragend.

Château Rauzan Despagne (Naujan-et-Postiac)
Heimstatt eines erstklassigen Bordeaux Supérieur. Der Wein hat Farbe, Frucht und Körper. Sein angenehmes Holzaroma verdankt er der Reifung im Fass.

Château de Reignac (Saint-Loubès)
Die Cuvée Prestige, ein Bordeaux Supérieur, ist kaum von einem guten Saint-Emilion zu unterscheiden. Sie besitzt ebenso viel Frucht, Fülle, Toast und Charme.

Château Roques-Mauriac (Doulezon)
Der Bordeaux Supérieur Cuvée Hélène hat dieselbe Allüre wie das vornehme Château aus dem 19. Jahrhundert. Er vereint Kraft mit Finesse, Komplexität und Charakter.

Château de Seguin (Lignan-de-Bordeaux)
Von dynamischen Dänen geleitetes Gut, dessen Bordeaux Supérieur Cuvée Prestige zur absoluten Spitzenklasse dieses Herkunftsgebiets gehört.

Ch. Roques-Mauriac

Château de Sours (Saint-Quentin-de-Baron)
Ob es sich nun um einen Bordeaux rosé, einen roten Bordeaux oder einen Bordeaux Supérieur handelt – hier sind alle Weine imposant, allen voran der knappe rote La Source.

Château de Terrefort-Quancard (Cubzac-les-Ponts)
Der klassisch vinifizierte Bordeaux Supérieur muss im Allgemeinen fünf Jahre reifen, bevor er sich entfalten kann. Dann ist er elegant und von Holz, dunklen Früchten und Gewürzen geprägt.

Ch. Thieuley

Château Thieuley (La Sauve Majeure)
Der zu 100% aus Merlot erzeugte rote Bordeaux Réserve Francis Courselle (den es auch weiß gibt) kitzelt Gaumen und Sinne mit dunklen Früchten, gebranntem Holz und Gewürzen.

Château Tour de Mirambeau (Naujan-et-Postiac)
Nach ungefähr acht Monaten im Fass ist der Bordeaux Supérieur Cuvée Passion ein in seiner Kategorie vorzüglicher Wein mit reifem Obst, edlem Holz und vielen anderen Anklängen.

Château Trocard (Les Artigues-de-Lussac)
Ein fortschrittlich geführter Besitz, dessen bestes Erzeugnis der Monrepos ist. Dieser Bordeaux Supérieur besteht zu 100% aus Merlot. Er ist voll und fruchtig mit Toasttönen.

Die besten … Kombinationen von Weinen und Gerichten

Auf der Speisekarte der Bordeaux-Châteaux steht am häufigsten das *Entrecôte bordelaise*. Das Steak sollte möglichst zwei Finger dick sein und über der heißen Asche von Rebenzweigen geröstet werden, wobei die Zweige der Cabernet-Sauvignon-Rebe für eine noch feinere Geschmacksnote sorgen als die der Merlot-Rebe. Extra Würze verleiht eine fein gehackte Mischung aus Schalotten, Mark und Petersilie. Zu diesem eigentlich sehr einfachen Gericht passen alle roten Bordeaux, denn edle Weine kommen bei unkomplizierten Speisen am besten zu ihrem Recht. Außerdem werden tanninreiche Weine wie der Bordeaux milder, wenn man sie mit proteinhaltiger Nahrung (wie Entrecôte) kombiniert. Der legendäre Weinprofessor Emile Peynaud fand nämlich heraus, dass Tannin und Protein im Mund verschmelzen.

Die Bordeauxweine können noch viel mehr schmackhafte Verbindungen eingehen. Man sollte dabei darauf achten, ob in der jeweiligen Rotweinsorte der Anteil des Cabernet Sauvignon (ziemlich viel Tannin, oft ein Aroma von schwarzer Johannisbeere, ziemlich elegante Struktur) oder des Merlot (ein Aroma von dunkler Frucht und Lorbeer mit leicht erdigem, tierischem Einschlag; milder als der Cabernet, zugleich runder und wuchtiger) überwiegt. Verfeinerung, Komplexität und Klasse sollten ebenfalls berücksichtigt werden.

Komplexe, relativ feine Rotweine, in denen der Cabernet Sauvignon überwiegt
(etwa Graves, Haut-Médoc, Listrac-Médoc, Margaux, Médoc, Moulis-en-Médoc, Pauillac, Pessac-Léognan, Saint-Estèphe, Saint-Julien)
Rind: Lenden- oder Rumpsteak (gebraten, gegrillt, vom Rost), Châteaubriand, Tournedos, Lendenstück, T-Bone-Steak, Prime rib, warmes Roastbeef und natürlich Entrecôte.
Lamm: Keule, Koteletts.
Wild und Geflügel: Hirsch, Reh, Wachtel, Waldschnepfe, Rebhuhn.
Käse: harte Sorten wie Gouda (von mitteljung bis mittelalt), Edamer (mittelalt), Cantal, Cheddar, Cheshire und Leicester.

Hochwertige Rotweine, in denen der Merlot überwiegt
(etwa die besseren Bordeauxweine: Côtes de Francs, Canon-Fronsac, Côtes de Bourg, Côtes de Castillon, Fronsac, Lalande-de-Pomerol, Lussac-Saint-Emilion, Montagne-Saint-Emilion, Pomerol, Premières Côtes de Blaye, Premières Côtes de Bordeaux, Puisseguin-Saint-Emilion, Saint-Emilion, Sainte-Foy Bordeaux, Saint-Georges-Saint-Emilion)
Rind: Lenden- oder Rumpsteak (gebraten, gegrillt, vom Rost), Châteaubriand, Tournedos, Lendenstück, T-Bone-Steak, Prime rib, warmes Roastbeef und natürlich Entrecôte.
Lamm: Keule, Koteletts.
Wild und Geflügel: Taube (mit oder ohne Gänseleber), Hirsch, Reh, Kaninchen (auch mit frischen oder Backpflaumen), Gans (auch gefüllte), Wildente, Wachtel, Waldschnepfe, Rebhuhn. In allen Fällen können Trüffel oder andere Pilzsorten verwendet werden, da das Merlot-Aroma ausgezeichnet damit harmoniert.
Käse: harte Sorten wie Gouda (mittelalt bis alt), Edamer (alt), Cantal, Cheddar, Cheshire und Leicester.

Einfache Rotweinsorten
(bekannteste Sorten: Bordeaux und Bordeaux Supérieur)

Schafe in Pauillac – Lammfilet ist eine regionale Spezialität

Rind: Lenden- oder Rumpsteak (gebraten, gegrillt, vom Rost), deutsches Beefsteak, Entrecôte, warmes oder kaltes Roastbeef.
Lamm: Keule, Koteletts.
Wild und Geflügel: nicht allzu schwere Gerichte wie Wildpastete, Salat mit Entenfilet (dazu etwa ein Himbeerdressing), Wachtel.
Käse: harte Sorten wie Gouda (jung, mitteljung), Edamer (mitteljung), Cantal und Cheddar.
Neben rotem Bordeaux gibt es den weißen in vielen Varianten. Auch er kann interessante Partnerschaften eingehen.

Trockener weißer Bordeaux ohne Holz
(etwa Blayais/Blaye, Bordeaux, Côtes de Blaye, Entre-Deux-Mers, Graves und Premières Côtes de Blaye)
Wenn die Weine in der Hauptsache oder zur Gänze aus Colombard beziehungsweise Sauvignon blanc bestehen, passen sie gut zu Salaten, Rohkost, Spargel, Austern, Muscheln und französischem Ziegenkäse. Zu nicht allzu üppigen Gerichten mit Meer- oder Süßwasserfisch schmeckt im Prinzip jede Sorte gut.

Trockener weißer Bordeaux mit Holz
(etwa der in Fässern gelagerte oder gegärte Bordeaux, Entre-Deux-Mers, Graves, Pessac-Léognan, Premières Côtes de Blaye oder Sainte-Foy Bordeaux)
Diese Weinsorten sind die besten Begleiter fester, edler Fischarten (wie beispielsweise Steinbutt, Seezunge, Thunfisch, Lachs, Seeteufel, Seewolf) sowie schmackhafter Kalbs- oder Schweinsgerichte.

Frische Austern aus dem nahen Arcachon

Halb trockener Weißwein
(etwa Bordeaux demi-sec oder mœlleux, Graves Supérieures, Premières Côtes de Bordeaux, Sainte-Foy Bordeaux)

Sauternes und foie gras – *eine klassische Kombination*

Diese Weinsorten serviert man am besten zu Huhn, Pute oder Fisch mit süßer Sauce oder süßen Beigaben (wie Ananas).

Süßer Weißwein

(etwa Barsac, Cadillac, Cérons, Loupiac, Sauternes und Sainte-Croix-du-Mont)

Zu Nachspeisen, die stark gezuckert sind oder Schokolade enthalten, passen diese Weine nicht gut, weil sie dafür nicht süß genug sind. Köstliche Kombinationen sind dagegen möglich mit Aprikosen(-kuchen), Apfelstrudel und -kuchen, Zitronentorte, frischem Obst, Obstsoufflé, Birne, Birnentorte, Pfirsich(-torte) und Kürbiskuchen.

Die besten und stärksten Sauternes-Weine schmecken auch ganz vorzüglich zu Blauschimmelkäse, darunter Bleu d'Auverge, Bleu de Bresse, Gorgonzola und Roquefort. Außerdem ist ein ordentlich süßer Bordeaux ein guter Begleiter von Enten- und Gänseleber. Die Region hat des Weiteren Rosé und moussierenden Wein zu bieten.

Bordeaux rosé oder Bordeaux clairet
Diese beiden trockenen Roséweine passen ausgezeichnet zu vielen Schinkensorten, zu Huhn, Pute, Küken sowie festen Fischen wie Tunfisch oder Lachs.

Crémant de Bordeaux
Dieser Schaumwein wird bei denselben Gelegenheiten wie Champagner beziehungsweise Sekt getrunken; ein festlicher Aperitif.

DAS NEUNAUGE UND ANDERE SPEZIALITÄTEN

Im Bordelais wird ein prähistorischer Fisch gefangen, das Neunauge (Lamprei). Man legt ihn in eine Marinade aus Rotwein, Lauch, Schalotten, Knoblauch und seinem eigenen Blut und serviert dazu roten Bordeaux. Zwei andere Fischspezialitäten dieser Gegend sind die Alse (Alose), auch Maifisch genannt, und der Stör (der auch den Kaviar liefert). Außerdem ist das helle Lammfleisch von Pauillac berühmt, das 1999 gesetzlich registriert wurde. Es handelt sich dabei um Milchlamm, das im Allgemeinen mit Knoblauch in der Backröhre zubereitet wird. Jedes Jahr findet in Pauillac, meist Anfang Mai, ein Fest zur Feier dieses Fleisches statt, die Fête de l'Agneau Pauillac.

Die allerbesten … Pessac-Léognan-Weine

Zehn Gemeinden, die in westlicher und südlicher Richtung an das Bordelais anschließen, haben sich seit 1987 zum Herkunftsgebiet Pessac-Léognan zusammengeschlossen. Der oft kieselhaltige Boden bringt edle, stilvolle Rot- und Weißweine hervor. Hier eine Liste der allerbesten:

Ch. Carbonnieux

Château Carbonnieux,
Léognan (Weißwein hier besser als Rotwein)

Château Les Carmes Haut-Brion,
Pessac (Rotwein)

Domaine de Chevalier,
Léognan (Weiß- und Rotwein)

Château Couhins-Lurton,
Villenave-d'Ornon (Weißwein)

Château de Fieuzal,
Léognan (Rot- und Weißwein)

Château La Garde,
Martillac (Réserve, Rot- und Weißwein)

Château Haut-Bailly,
Léognan (Rotwein)

Château Haut-Brion,
Pessac (der Rotwein ist Spitzenklasse, der Weißwein ausgezeichnet)

Château La Mission Haut-Brion,
Talence (Rotwein)

Château Laville Haut-Brion,
Talence (Weißwein)

Château Pape-Clément,
Pessac (Rot- und Weißwein)

Château Smith-Haut-Lafitte,
Léognan (Weiß- und Rotwein)

Château La Tour Haut-Brion,
Talence (Rotwein)

Château La Tour Martillac,
Martillac (Rotwein)

Die einladendsten …
Médoc-Châteaux

Je berühmter ein Château, desto kleiner die Chance auf einen gastlichen Empfang mit Weinprobe. Das gilt insbesondere für das Médoc, wo die Spitzengüter ihre Ernte so leicht und zu so hohen Preisen loswerden, dass sie meist nicht das geringste Interesse daran haben, den durchschnittlichen Weinliebhaber zu begrüßen. Dennoch sind Touristen auf vielen Médoc-Châteaux willkommene Gäste. Das gilt vor allem für Güter der Kategorie *Cru bourgeois*, obwohl auch ein paar aus der Kategorie *Cru classé* dazugehören. Sie werden hier nach der Herkunftsbezeichnung und der Gemeinde alphabetisch aufgeführt. Die meisten Güter sind mittags von 12 bis 14 Uhr geschlossen.

Ch. Hanteillan

Haut-Médoc

Diese Appellation umfasst alle Dörfer der südlichen Hälfte der Halbinsel, die keine eigene Herkunftsbezeichnung führen. Etwa 70% aller Crus bourgeois werden im Haut-Médoc produziert.

Cissac-Médoc

Château Hanteillan
(Tel. 05 56 59 35 31)
Hat ein eigenes Museum. Der Wein ist schlank, elegant und sauber. An Werktagen braucht man sich nicht anzumelden.

Cussac-Fort-Médoc

Château Lanessan
(Tel. 05 56 58 94 80)
Hier gibt es viel zu sehen, unter anderem ein Pferdemuseum und eine Kutschensammlung. Das Gut liefert überragende Weine. Für die Besichtigung einschließlich Weinprobe muss man eine kleine Gebühr entrichten. Täglich geöffnet.

Château du Moulin Rouge
(Tel. 05 56 58 91 13)
Ziemlich kleines Gut, auf dem man lächelnd begrüßt und herumgeführt wird. Es gibt eine kleine Sammlung von Weinwerkzeugen. Dazu bekommt man noch ein paar Jahrgänge vorgesetzt. Der Wein hat klassischen Stil. Täglich geöffnet.

Ch. Lanessan

Saint-Seurin-de-Cadourne

Château Verdus
(Tel. 05 56 731 731)
Hier kann man, abgesehen von den Feiertagen, das ganze Jahr über gegen ein geringes Entgelt einen der schönsten Taubenschläge der Gegend, ein faszinierendes Médoc-Museum und alte Weinwerkzeuge bewundern. Die Weine sind angenehm und ziemlich samtig.

Listrac-Médoc

In der Gemeinde Listrac-Médoc liegt der höchste Punkt des Médoc; hier werden recht körperreiche Weine erzeugt.

Château Cap Léon Veyrin
(Tel. 05 56 58 07 28)
Ein isoliertes, nördlich des Dorfes gelegenes Gut, das abgesehen von Fassbinder- und Kellergeräten auch über Gäs-

Ch. Cantenac-Brown

tezimmer verfügt. Auf den Wein ist Verlass, wie auch die älteren Jahrgänge beweisen. Besuche am Wochenende vorher telefonisch anmelden.

Château Fourcas Dupré
(Tel. 05 56 58 01 07)
An Wochentagen kann man hier einfach vorbeikommen, um einen der allerbesten Weine von Listrac zu verkosten.

Château Mayne-Lalande
(Tel. 05 56 58 27 63)
Wunderbar renoviertes Gut, in dem der Besucher nicht nur in die Keller, sondern oft auch in den Weingarten geführt wird. Neben den einfachen Weinen, die von überragender Qualität sind, serviert man meist – zu Bildungszwecken – Weinproben, in denen nur eine einzige Rebsorte steckt. Telefonische Anmeldung ist erforderlich, vor allem am Wochenende.

Margaux

Außerhalb des Dorfes Margaux gilt diese Herkunftsbezeichnung für die Gemeinden Arsac, Cantenac, Labarde und Soussans. Sie haben alle feine Weine mit Finesse und Rasse, zu deren Besonderheit der tiefe, nährstoffreiche Kiesboden und der hohe Anteil an Cabernet Sauvignon beitragen.

Cantenac

Château Cantenac-Brown
(Tel. 05 57 88 81 81)
In viktorianischem Stil erbautes Château, in dessen Renovierung seit 1987 viele Millionen Francs gesteckt wurden. Das Niveau des Weins, eines *Troisième cru classé,* ist mit gestiegen. Täglich geöffnet, am Wochenende nach Vereinbarung.

Château Kirwan
(Tel. 05 57 87 64 55/05 57 88 71 00)
Das charmante neoklassische Château wird von einem Blumenpark mit vielen Rosen umgeben. Hier kann man das ganze Jahr über (am Wochenende nach Vereinbarung) gegen ein kleines Entgelt die edlen hauseigenen Weine verkosten. Kirwan ist ein *Troisième cru classé*.

Ch. Giscours

Labarde

Château Giscours
(Tel. 05 57 97 09 09)
Der niederländische Inhaber Eric Albada Jelgersma empfängt auf diesem imposanten Weingut täglich Besucher auf eine Weinprobe seines *Quatrième cru classé*.

Château Siran
(Tel. 05 57 88 34 04)
Hier sind ein Park voller Alpenveilchen (im September), Keramik aus Bordeaux, eine alte Böttcherei und chinesisches Porzellan (nach Vereinbarung) zu besichtigen. Außerdem werden köstliche Weine ausgeschenkt. Täglich geöffnet, zu Weihnachten geschlossen.

Ch. Kirwan

Ch. Siran

Ch. Lascombes

Margaux

Château Lascombes
(Tel. 05 57 88 70 66/05 57 88 76 15)
Außer im Winter täglich geöffnet. Der Wein gehört zu den *Deuxième crus classés*; das stattliche Château ist etwa ein Jahrhundert alt.

Médoc

Dies ist das nördlichste und gleichzeitig ruhigste Gebiet der Halbinsel. Die Weine sind meist ziemlich schlank. Das Médoc ist in zwei Weinbaubereiche unterteilt: das Haut-Médoc im Süden und das Bas-Médoc (die Appellation heißt nur Médoc) im Norden.

Bégadan

Château La Clare
(Tel. 05 56 41 50 61)
Das Château wirkt anspruchslos, hat aber noch einen traditionellen *chai* (Keller zu ebener Erde) mit großen Holzbottichen zum Vergären. Der Wein ist gut. Täglich geöffnet.

Château La Tour de By
(Tel. 05 56 41 50 03)
Das Weingut hat seinen Namen von einem ehemaligen Leuchtturm bekommen. Man kann ihn besteigen und hat Aussicht über die Rebberge und die Gironde. Zu empfehlen sind auch die klassischen Gärbottiche und der Fasskeller, in dem ein guter Médoc heranreift. Am Wochenende nach Vereinbarung, zweite Julihälfte geschlossen.

Couquèques

Château Les Ormes Sorbet
(Tel. 05 56 73 30 30)
Heimstatt eines wunderbaren, lange im Fass gelagerten Weins. Täglich geöffnet, am Wochenende nach Vereinbarung.

Ch. La Clare

Saint-Yzans-de Médoc

Château Loudenne
(Tel. 05 56 73 17 80)

Der britische Inhaber dieses rosafarbenen Château bereitet neben einem eleganten roten Médoc auch einen recht guten weißen Bordeaux. Das ausgedehnte Weingut besitzt ein Weinmuseum, und außerhalb der Erntezeit kann man sich zum Mittagsbrot in der Traubenpflückerküche anmelden. Am Wochenende geschlossen, abgesehen von Juni bis August, im September auch am Sonntagnachmittag geöffnet.

Moulis-en-Médoc

Mit ihrem 600 ha großen Rebberg ist das die kleinste Appellation der Halbinsel Médoc. Die Weine eignen sich häufig ausgezeichnet zu einer langen Reifung.

Château Maucaillou
(Tel. 05 56 58 01 23)

Hier kann man gegen Eintrittsgeld das interessante Musée des Arts et Métiers de la Vigne et du Vin besuchen, wo man an der Geruchsorgel schnuppern kann, um festzustellen, ob man bestimmte Aromen erkennt. Auch Kunstwerke werden ausgestellt. Der Wein von Maucaillou gehört zu den besseren *Crus bourgeois*. Auch an Feiertagen geöffnet.

Château Moulin à Vent
(Tel. 05 56 58 15 79)

Liegt an der Route Nationale. Besucher werden freundlich begrüßt und bekommen den makellosen Wein von diesem Gut zu kosten.

Ch. Maucaillou

Ch. Mouton-Rothschild

Pauillac

Der gleichnamige Ort ist das Verwaltungszentrum des Médoc. Die Weine sind komplex und können ein schönes Alter erreichen.

Château Mouton-Rothschild
(Tel. 05 56 73 21 29)
Nur nach Vereinbarung und gegen Entgelt kann man hier ein einzigartiges Museum besuchen, in dem weinbezogene Kunstobjekte aus der ganzen Welt ausgestellt werden. In einer riesigen Halle mit Fässern reift der Wein der Moutons, ein *Premier cru classé*. Will man ihn – als jungen Wein – verkosten, muss man zusätzlich bezahlen.

Saint-Estèphe

Das Gelände dieses Herkunftsgebiets ist ziemlich uneben, und der Wein hat eine entsprechend kräftige Struktur.

Château Haut-Marbuzet
(Tel. 05 56 59 30 54)
Zu diesem Gut in dem Gehöft Marbuzet pilgern Besucher aus der ganzen Welt, um den körperreichen, in neuen Fässern ausgebauten Wein an Ort und Stelle zu kaufen. Täglich geöffnet.

Château La Haye
(Tel. 05 56 59 32 18)
Hier wird regelmäßig Kunst zum Thema Wein ausgestellt (im Sommer auch alte Plakate). Der Wein ist betörend. Das Château, ein ehemaliger Jagdpavillon

Ch. La Haye

von Henry II. und Diane de Poitiers, kann man vom 1. Juli bis Mitte September ohne Voranmeldung besuchen, danach nach Vereinbarung.

Saint-Julien

Der Saint-Julien-Beychevelle-Wein gehört zu 80% in die Kategorie Cru classé!

Château Ducru-Beaucaillou (Tel. 05 56 73 16 73)
Man sollte seinen Besuch unbedingt telefonisch oder schriftlich (Fax 05 56 59 27 37) vereinbaren, denn wenn die Anmeldung akzeptiert wird, ist der Empfang sehr herzlich. Eine Weinprobe ist inbegriffen. Der Wein, ein *Deuxième cru classé*, ist sehr vornehm, genau wie das Château, dessen schlichte, klassische Fassade Beychevelle gegenüberliegt.

Château Terrey-Gros-Cailloux (Tel. 05 56 59 06 27)
Aus diesem einfachen Château kommt ein sehr gelungener *Cru bourgeois*, der sich durch Rasse und Finesse auszeichnet. An Wochentagen geöffnet, im August geschlossen.

Ch. Ducru-Beaucaillou

Die feinsten … Saint-Emilion-Weine

Saint-Emilion ist das größte und überdies erfolgreichste Gebiet im Bordelais. Sein Wein ist außerordentlich beliebt. Das liegt an seinem meist milden Geschmack und charmanten Charakter. Es gibt allerdings große Unterschiede zwischen den einzelnen Saint-Emilion-Weinen. Die schwächsten schmecken fad und weich, während die allerbesten mit üppigen Dimensionen beeindrucken. Es gibt nur eine begrenzte Anzahl von Spitzenweinen, wie der folgenden Liste zu entnehmen ist.

Ch. Angélus

Château Angélus – Premier grand cru classé B, Saint-Emilion

Dieser Wein verkörpert auf Flaschen gezogene Generosität. Er besitzt Großzügigkeit, Konzentration, luxuriöse Frucht, mildes Tannin und ein würzig-rauchiges Holzaroma.

Château Ausone – Premier grand cru classé A, Saint-Emilion

Es gibt keinen zweiten Saint-Emilion mit einer solchen Médoc-artigen Verfeinerung. Dabei muss der Wein genauso lange reifen wie ein großer Médoc, bis er seine wahre Klasse entfaltet: reife Beerenfrüchte, getoastetes Holz, Gewürze und Mineralien.

Château Beau-Séjour Bécot, Premier grand cru classé B, Saint-Emilion

Zu Marmelade tendierende Beerenfrucht, die gut in rauchiges, getoastetes Holz, reichlich Alkohol und das bestmögliche Tannin verpackt ist: Das sind die Merkmale dieses konzentrierten, komplexen Saint-Emilion.

Château Canon la Gaffelière, Grand cru classé, Saint-Emilion

Der Wein hat viel Farbe, getoastetes, rauchiges und würziges Holz, eine

Ch. Ausone

Fruchtmischung (schwarze Johannisbeere, Heidelbeere, Brombeere) und dazu Spuren von Lorbeer, Lakritze, Kakao und Tabak. Außerdem hat er ein großes Reifepotenzial.

Château Cheval Blanc, Premier grand cru classé A, Saint-Emilion

Der Cheval Blanc ist die Steigerungsstufe des Saint-Emilion. In seinem großzügigen, auf die Dauer samtigen Geschmack mischt sich sehr reifes Obst harmonisch mit Nuancen von Eiche, Kakao, Kaffee, Tabak, Lakritze und Gewürzen.

Ch. Cheval Blanc

Château La Dominique, Grand cru classé
Ein außerordentlich betörender, körperreicher Wein, der auch viel Frucht besitzt und überwiegend in neuen Fässern gelagert wird. Daher die deutlichen Anklänge an Vanille, frisch geröstetes Brot und würziges Holz.

Ch. Figeac

Château Figeac, Premier grand cru classé B, Saint-Emilion
Wegen des kieselhaltigen Weinberges besteht der Figeac größtenteils aus Cabernet. Daher hat er eine ziemlich elegante Struktur und kann trotz seiner samtigen Textur lange reifen.

Château Grand Mayne, Grand cru classé, Saint-Emilion
Die Qualität des Grand Mayne hat sich in den letzten Jahren ständig verbessert. Der Wein hat von allem viel: Farbe, Duft, Konzentration, Frucht, Holz (oft stark getoastet) und Geschmack.

Château Magdelaine, Premier grand cru classé B, Saint-Emilion
Zunächst ist dieser Wein ziemlich zurückhaltend, aber mit den Jahren wird er immer ausdrucksvoller und etwas sahniger. Dann kommen Nuancen von Backpflaumen, fast überreifen Beeren, Schokolade, Tabak, Vanille und exotischen Gewürzen zum Vorschein.

Ch. Grand Mayne

Château Monbousquet,
Grand cru,
Saint-Sulpice-de-Faleyrens

Ein ausschließlich in neuen Fässern ausgebauter Wein mit beinahe dekadentem Charakter. Er hat Frucht in Hülle und Fülle (Brombeere, Kirsche, Heidelbeere, schwarze Johannisbeere, Himbeere), viel Körper und Rösttöne.

Clos de l'Oratoire,
Grand cru classé,
Saint-Emilion

Wird vom Team des Château Canon la Gaffelière bereitet. Der Wein ist sehr aromatisch, hat ein pudriges Bukett und einen breit gefächerten, vollen Geschmack, der die Sinne mit fruchtigen und würzigen Eindrücken verwirrt.

Château Pavie,
Premier grand cru classé B,
Saint-Emilion

Der neue Inhaber, der auch Château Monbousquet besitzt, hat diesen Wein seit 1998 viel anspruchsvoller hergestellt. Er ist nun in Parfüm und Geschmack mehrdimensional und sehr konzentriert geworden.

Château Tertre Rotebœuf,
Grand cru,
Saint-Laurent-des-Combes

Ein aus sehr reifen Trauben gemachter, in neuen Fässern gelagerter Wein, der einen fast überrumpelnden, flamboyanten Charakter hat. Er vereint massive Farbe mit eingedickter Frucht, gebranntem Holz, erdigem Aroma, schwülem Tannin und viel Energie.

Château Troplong-Mondot,
Grand cru classé,
Saint-Emilion

Zeichnet sich durch viel Extrakt, eine Skala reifer Früchte, Mineralien, Toast, Lorbeer, Lakritze und einen schon in frühem Stadium samtigen Geschmack aus. Zugleich besitzt der Wein ausreichend integriertes Tannin, um Jahrzehnte haltbar zu sein.

Saint-Emilion – eine oft verklärte Region

GARAGENWEINE

In Saint-Emilion (und Pomerol) haben ein paar Güter Erfolg, die so klein und spärlich ausgerüstet sind, dass man ihre Erzeugnisse als «Garagenweine» bezeichnet. Dennoch sind sie manchmal sublim und – wegen des beschränkten Produktionsumfangs – immer teuer. Die besten und berühmtesten Vins de garage von Saint-Emilion sind Château La Couspaude, Château La Gomerie, Gracia, La Mondotte und Château de Valandraud.

Die beste … Weinroute

Kein anderes Gebiet des Bordelais hat eine so schöne und abwechslungsreiche Landschaft zu bieten wie Entre-Deux-Mers. Die ausgedehnte, von Dordogne und Garonne eingefasste Gegend hat viele Sehenswürdigkeiten vorzuweisen und bringt eine breite Palette von Weinen hervor. Die im Folgenden beschriebene Route bietet einige Höhepunkte und kann ohne weiteres einen ganzen Tag beanspruchen. Sie fängt am Ostufer der Stadt Bordeaux an. Dort nehmen Sie die D10 bis zu dem hoch gelegenen *Floirac* und ein ganzes Stück darüber hinaus.

Das nächste Dorf auf der Route ist Bouliac, wo die Kirche aus dem 12. Jahrhundert auf dem Fundament einer römischen Villa steht. Die Gemeinde wird vor allem von Gastronomen besucht, da hier das fantastische Restaurant (und Hotel) Saint James liegt. Es besitzt eine einfachere Filiale, Le Bistroy genannt.

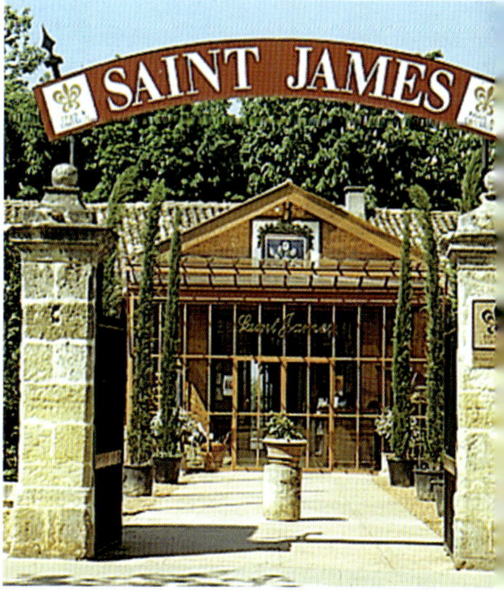

Saint James – ein Feinschmeckerlokal in Bouliac

Hinter *Lastresne* fangen links von der Straße die Weinberge der ausgesprochen hügeligen Premières Côtes de Bordeaux an. *Quinsac* ist die inoffizielle Hauptstadt des roséartigen Bordeaux clairet. *Langoiran* hat einen charmanten Quai am Fluss, eine Kirche aus dem

Der liebliche Flusshafen von Langoiran

12. Jahrhundert und einen botanischen Garten (Parc de Peyruche). Noch im Dorf biegen Sie rechts ab, in Richtung Créon. Auf und an einem Hügel erheben sich die Ruinen des Château de Langoiran, das auch als Weingut fungiert.

Auf der zunächst stark ansteigenden D20 kommen Sie zuerst an einem kleinen Zoo vorbei. In *Haux* ist Château de Haux einen Besuch wert. Denn dieses überwiegend aus dem 17. Jahrhundert stammende Schloss ist ein Hort mustergültiger Weine.

In Créon fahren Sie auf dem Ring in Richtung Osten, um auf die D671 zu gelangen. Sie führt nach *La Sauve*, wo sich die berühmte Benediktinerabtei La Sauve Majeure befindet. Sie wurde im Jahr 1079 gegründet. Der Komplex ist weitgehend zerstört, lohnt aber trotzdem eine Besichtigung. Auch ein Museum gehört dazu.

Die Klosterruine von La Sauve Majeure

Fahren Sie auf der D671 weiter und biegen Sie ab nach *Targon*, ein Dorf, in dessen Zentrum eine schlichte romanische Kirche steht. Kehren Sie nun auf der D13 zum Garonne-Ufer zurück. Kurz vor und oberhalb von *Béguey* steht auf der rechten Straßenseite Château Reynon. Der brillante Professor Denis Dubourdieu hat dort herrliche Weißweine bereitet, darunter den Bordeaux Vieilles Vignes, und einen hervorragenden roten Premières Côtes de Bordeaux.

Cadillac, die Provinzstadt, nach der auch ein süßer Weißwein benannt ist, ist teilweise von einer Stadtmauer umgeben. Inmitten der städtischen Bebauung liegt das eindrucksvolle Schloss der Ducs d'Epernon, das etwa vier Jahrhunderte alt ist. Im Inneren sind Deckenmalereien und acht Kaminmäntel aus Marmor zu bewundern. Jeden Sonntag herrscht vor dem Schloss geschäftiges Markttreiben.

Wieder auf der D10, sehen Sie gleich hinter Cadillac *Loupiac* liegen. Dort können Sie im Juli und August täglich (in den übrigen Monaten nur am Sonntagnachmittag) die Überreste einer römischen Villa besichtigen. Das Badezimmer ist mit bunten Mosaiken ausgestaltet. Die Kirche an der Südseite steht unter Denk-

Die Burg von Cadillac

Sainte-Croix-du-Mont

malschutz. In den Hügeln hinter dem Ort wird auf angesehenen Gütern wie Clos Jean en Domaine du Noble der frischsüße Weißwein der Gegend bereitet.

Sainte-Croix-du-Mont thront hoch über dem Tal auf einer Felswand voller fossiler Überreste. Von einer Freitreppe des Château de Tastes aus – ein ehemaliges Weingut, das heute als Rathaus dient – eröffnet sich ein herrliches Panorama der Sauternes-Region auf der gegenüberliegenden Seite des Flusses. Die führenden Weinproduzenten der Gemeinde sind Château Loubens und Château Lousteau-Viel.

Fahren Sie nun auf der D117 nach *Verdelais*, das Sie schon von weitem an dem hohen Turm der in verschiedenen Stilen gebauten Kirche erkennen. Auf dem Friedhof gegenüber der Kirche liegt Henri de Toulouse-Lautrec begraben.

Die nächste Station ist *Saint-Macaire*, ein auf einer Anhöhe gelegenes gemütliches Dorf mit Festungsmauern, Patrizierhäusern, einem schönen Platz mit Umgang, einer mehr oder weniger romanischen Kirche und einem Postmuseum. Unweit

Wegweiser zu einem Weingut in Sainte-Croix-du-Mont

von diesem Ort wird der seltene halb trockene weiße Bordeaux Saint-Macaire erzeugt.

Verlassen Sie Saint-Macaire auf der D672. Richten Sie sich kurz hinter *Le Pian-sur-Garonne* nach dem Wegweiser zum Château Malromé. Dort hat Henri de Toulouse-Lautrec gelebt und gearbeitet. Die Besichtigung des Château kostet Eintritt. Es gibt dort auch ein Lokal und einen Laden, in dem man den Wein des Hauses – mit Illustrationen des Künstlers versehen – kaufen kann.

Kehren Sie zur D672 zurück und fahren Sie bis *Sauveterre-de-Guyenne*. Das ist eine der schönsten Festungsstädte – *bastides* – von Entre-Deux-Mers. Der Ort hat einen hübschen Marktplatz mit einem Bogengang.

Die Fahrt führt auf der D17 weiter nach *Blasimon*. In diesem Dorf steht die Ruine einer gewaltigen, aus dem 12. Jahrhundert stammenden Benediktinerabtei. Sie hat eine fantastische monumentale Fassade.

Eine enge Straße, die D127, führt nach *Rauzan*. Die Weingenossenschaft am Ort hat einen guten Ruf. Château de Rauzan (die Ruine eines Schlosses aus dem 13. oder 14. Jahrhundert) ist hier die wichtigste Sehenswürdigkeit.

Die Abtei von Blasimon

Die Route biegt nun mit der D128 nach Westen ab. In *Naujan-et-Postiac* werden auf Château Tour de Mirambeau delikate Weine bereitet (weiß, rot und rosé). Kurz hinter *Guillac* liegt Château Bonnet, ein tadellos gepflegtes, großes Weingut, das ebenfalls zu den besten des Gebiets gehört.

Fahren Sie nun nach *Tizac de Curton* und nehmen Sie die D936 in westlicher Richtung bis zur Kreuzung mit der D20, in die Sie einbiegen. Sie fahren in Richtung Arveyres und überqueren kurz vor dem

Die Schlossruine von Rauzan

Ort die N89, um nach *Vayres* zu gelangen. Das dortige Schloss ist in gutem Zustand. Es war im Besitz von Henri IV. Der symmetrische französische Garten hinter dem Schloss erstreckt sich bis zur Dordogne. Vayres ist ein hübsches Weindorf, nach dem der Graves de Vayres benannt wurde, eine Herkunftsbezeichnung für relativ milde Rot- und Weißweine.

Kehren Sie zur N89 zurück und fahren Sie bis zur Maison de la Qualité in *Beychac-et-Caillau*. Hier erhalten Sie alle gewünschten Auskünfte über Bordeaux, Bordeaux Supérieur und andere Weine der Region (auch über den moussierenden Crémant de Bordeaux).

Die letzte Etappe führt auf der D13 in südlicher Richtung. Zuerst kommt das Dorf *Sallebœuf*, wo Eiffel das Fasslager für Château Grand Monteil entwarf, das einen gelungenen Bordeaux Supérieur liefert. Der Rückweg beginnt wieder auf der D13, die Sie nach kurzer Zeit verlassen, um auf der D936 in die Stadt Bordeaux zurückzukehren.

Die besten … regionalen Restaurants

Wer in den Weingebieten ein schmackhaftes Mittag- oder Abendessen zu einem reellen Preis einnehmen möchte, kann die folgenden Adressen ausprobieren, wo ländliche Küche geboten wird.

Arcins (Médoc)

Le Lion d'Or

(Tel. 05 56 58 96 79)

Regionale Speisen, die mit Sorgfalt zubereitet und in reichlichen Portionen serviert werden. Hier herrscht eine entspannte Atmosphäre. Der Kundenkreis besteht größtenteils aus Weinbauern und -händlern, die ihre eigenen Flaschen mitbringen dürfen.

Fronsac (Canon-Fronsac, Fronsac)

Le Bord d'Eau

(Tel. 05 57 51 99 91)

Eine gute Adresse für Neunauge, einen für Bordeaux typischen Fisch, der mit Rotwein zubereitet und gegessen wird. Es gibt hier aber auch andere delikate Gerichte.

Le Lion d'Or in Arcins

Le Relais du Médoc in Lamarque

Lamarque (Médoc)

Le Relais du Médoc
(Tel. 05 56 58 92 27)

Rein regionale Küche und preiswerte Gerichte.

Langoiran (Premières Côtes de Bordeaux)

Le Saint-Martin
(Tel. 05 56 67 02 67)

Am Quai gelegen, mit ziemlich moderner, aber gemütlicher Einrichtung. Keine Küche mit Sternen, aber ganz schmackhaftes und preiswertes Essen.

Libourne (Pomerol)

Le Bistrot Chanzy
(Tel. 05 57 51 84 26)

Einfache Gaststätte, die für ihre Eintöpfe, Lammgerichte und ihre Ente bekannt ist und nicht zu teure Weine serviert (16, rue Chanzy).

Macau (Médoc)

Chez Quinquin
(Tel. 05 57 88 45 89)

Hier sitzt man vor allem im Sommer herrlich auf der Terrasse mit Aussicht auf den Fluss. Spezialität des Hauses sind die *Fruits de mer*.

Margaux (Médoc)

Auberge de Savoie
(Tel. 05 56 88 31 76)

Hier bekommt man etwas geboten für sein Geld: regionale Küche in modernem Stil.

Martillac (Pessac-Léognan/Graves)

Hostellerie Lou Pistou
(Tel. 05 56 23 71 02)

Diese anspruchslose Dorfwirtschaft hat treue einheimische Stammkunden, da sie gutes ländliches Essen zu freundlichen Preisen serviert.

Le Rigalet (Côtes de Bourg/Blaye)

La Filadière
(Tel. 05 57 64 94 05)

Hier kann man es sich an der Gironde, gleich nördlich von Bourg, im Haus oder im Freien schmecken lassen. Es gibt unter anderem frische Fisch-, Schalentier- und Muschelgerichte.

Saint-Emilion (Saint-Emilion)

L'Envers du Décor

(Tel. 05 57 74 48 31)

Die Gaststätte wird vom Sohn eines Winzers geleitet. Man kann zu den Bistrogerichten viele offene Weine probieren. Es gibt hier auch eine Terrasse.

Saint-Julien-Beychevelle (Médoc)

Le Saint-Julien

(Tel. 05 56 59 63 87)

Am Dorfplatz befindliche Gaststätte, wo regionale und andere Gerichte mit viel Sorgfalt zubereitet werden, darunter das berühmte Lamm aus Pauillac.

Saint-Macaire (Entre-Deux-Mers)

L'Abricotier

(Tel. 05 56 76 83 63)

Ein empfehlenswertes Restaurant im gemütlichen Stadtzentrum. Auf der Speisekarte findet man die klassischen und modernen Spezialitäten der Gegend. Mit Terrasse.

Auberge les Vignes in Sauternes

Sainte-Foy-la-Grande (Entre-Deux-Mers/Sainte-Foy Bordeaux)

Les Sarments

(Tel. 05 57 46 10 27)

Sehr zu empfehlen für Grillteller und Rind, Geflügel und Wild, das über der glühenden Asche von Rebzweigen gebraten wird.

Sauternes (Sauternes)

Auberge les Vignes

(Tel. 05 56 76 60 06)

Sympathisches, gemütliches Lokal, wo zu den ländlichen Gerichten guter Wein (darunter natürlich Sauternes) und ein freundliches Lächeln serviert werden.

Die führenden …
… Crus bourgeois

Seit 1855, dem Jahr, in dem die Klassifikation der damals angesehensten Weine eingeführt wurde, ist die Zeit im Bordelais natürlich nicht stillgestanden. Einen Status quo hat es hier nie gegeben: Die Spitzenweine von einst bekamen Gesellschaft. Im Schatten der *Grands crus* begannen neue Weinsterne zu funkeln, die sich allerdings nicht immer in die bestehende Klassifikation einpassen ließen. Daher hat man für die Médoc-Neulinge im Jahre 1932 eine gesonderte Kategorie eingerichtet, nämlich die der *Crus bourgeois*. Sie ist gesetzlich anerkannt. Mittlerweile gibt es Hunderte von diesen «Bürgergewächsen» von Bordeaux. Eine offizielle Rangordnung existiert noch nicht, obwohl die Qualität der einzelnen *Crus bourgeois* recht unterschiedlich ist. Die allerbesten Weine, die im Folgenden vorgestellt werden, haben das Niveau eines *Grand cru*, kosten aber gewöhnlich nicht so viel.

Château Chasse-Spleen (Moulis-en-Médoc)
Mindestens 14 Monate im Fass gelagerter Wein klassischen Stils, also zur langen Flaschenreifung geeignet. Sein Aroma ist eine Melange aus dunklen Fruchten, Beeren und wurzigem Holz.

Château Le Crock (Saint-Estèphe)
Die Besitzer dieses recht imposanten Château sind auch die Hersteller des Deuxième *grand cru* Château Léoville-Poyferre. Das erklärt die hohe Qualität des Weins, der sehr dunkel ist, reich an Tannin, kräftig und unverwechselbar im Geschmack.

Château Fonbadet (Pauillac)
Ein mustergültiger Pauillac, der im Allgemeinen jahrelange Geduld erfordert. Wenn er einmal trinkreif ist, vereint er fruchtige Nuancen mit Waldduft und Holztönen. Seine Trauben stammen teilweise von über fünfzig Jahre alten Stöcken.

Château Fourcas-Dupré (Listrac-Médoc)
Expressiver und meist attraktiver Wein, der Nuancen von roter und dunkler Frucht, Minze, Gewürzen und weichem, getoastetem Holz aufweist. Sein Tannin ist ziemlich reif und geschmeidig.

Ch. Fourcas-Dupré

Château Haut-Marbuzet (Saint-Estèphe)
Der Wein gehört zu den besten seines Herkunftsgebiets. Er reift bis zu anderthalb Jahren in völlig neuen Fässern. Daher enthält sein sinnlicher, subtiler, vornehmer Geschmack viel Holz.

Ch. Labégorce-Zédé

Château Labégorce-Zédé (Margaux)
1979 hat der flämische Inhaber Luc Thienpont diesen Wein in die Spitzengruppe der *Crus bourgeois* eingegliedert. Es ist ein Margaux voller Rasse, intensiver Frucht, schönem Holz, Klasse und Charakter.

Château Lilian-Ladouys (Saint-Estèphe)
Durch hohe Investitionen und eine konsequente Qualitätsstrategie hat das Château neue Maßstäbe gesetzt – sein Wein (erste Ernte 1989) ebenfalls. Er zeigt eine samtige Struktur, reife Frucht und dezentes Holz.

Château Maucaillou (Moulis-en-Médoc)
Aus dem Weingarten «zu den schlechten Steinen» kommt ein stilvoller, nuancierter Wein mit Anklängen an sahniges, zu Vanille tendierendes Holz (etwa die Hälfte der Fässer, in denen er reift, ist neu) und reife Beeren.

Der Cuvier von Ch. Maucaillou

Château Moulin de la Rose (Saint-Julien)
Der Rebberg ist klein, der Wein hingegen groß. Er zeichnet sich durch ein betörendes Aroma aus, das von Brombeere und anderen Beerenfrüchten, geschmeidigem Tannin, Toastnuancen und einem Schuss Zedernholz geprägt ist.

Château les Ormes de Pez (Saint-Estèphe)
Der Wein, ein Pauillac, *Cinquième cru classé*, der vom Winzerteam des Château Lynch-Bages bereitet wird, hat meist eine massive Farbe und einen großzügigen, von Frucht geradezu triefenden Geschmack, der diskret mit Holztönen abgerundet wird.

Château Phélan-Ségur (Saint-Estèphe)
Ein wohl schmeckender und gepflegter Saint-Estèphe, in dem zu Marmelade tendierende Frucht mit Toast, Vanille und sanftem Tannin einhergeht. Er hat auch ein herrliches Bukett.

Château Pibran (Pauillac)
Der Weinberg dieses bescheidenen Gutes befindet sich an ausgezeichneter Lage. Hier wird seit 1987 ein vortreff-

Ch. Pibran

licher dunkler Rotwein bereitet. Dessen vollmundiger Geschmack ist geprägt von schwarzen Johannisbeeren (und anderen Beeren), viel Holz, milder Säure und solidem Tannin.

Château Poujeaux (Moulis-en-Médoc)
Ein höchst verfeinerter Wein mit einem nuancenreichen Geschmack, der lange anhält. Kein Wunder, dass er schon mehrmals den Coupe des Crus Bourgeois, einen alljährlich stattfindenden Wettbewerb, gewonnen hat.

Château Sociando-Mallet (Haut-Médoc)
Das Musterbeispiel eines *Cru bourgeois*, der einem berühmten *Cru classé* in nichts nachsteht. Er bietet Konzentration, Komplexität, Frucht in Hülle und Fülle sowie rauchiges Holz.

Château Terrey-Gros-Gailloux (Saint-Julien)
Ein gewöhnlich stark duftender Wein (zu Marmelade neigende Frucht, gebranntes Holz, Herbstwald, Leder) mit einem liebenswürdigen, eleganten Geschmack, in dem die gleichen Elemente stilvoll wiederkehren.

Ch. Poujeaux

Château La Tour de By (Médoc)
Sehr kieselhaltiger Boden bringt hier diesen hochwertigen Wein hervor. Sein energischer Geschmack birgt schwarze Johannisbeere, Brombeere, Kirsche, Pflaumen, eine Prise Gewürz sowie Toast in sich.

Château Tour Haut-Caussan (Médoc)
Diesen Médoc der Spitzenklasse kennzeichnen die tiefe Färbung, die Generosität, die große Konzentration, die herrliche Frucht, das edle Holz, der minutenlange Abgang und ein tadelloses Gleichgewicht.

Vieux Château Robin (Médoc)
Die Cuvée Bois de Lunaire, die zum Teil in neuen Fässern gelagert wird, kitzelt den Gaumen mit reiner Frucht, intensivem sanftem Holz und einer eleganten, aber auch energischen Struktur. Eine lange Reifezeit bekommt ihm gut.

Diese Windmühle gab Ch. Tour Haut-Caussan den Namen

HORS CONCOURS

Bestimmte Médoc-Weine gehören weder zu den klassifizierten Châteaux noch zu den Crus bourgeois, haben aber trotzdem ein hohes Niveau. Es handelt sich dabei um Château d'Angludet (Margaux), Château Lanessan (Haut-Médoc) und Château Siran (Margaux).

Die hübschesten … Aussprüche

«Der Bordeaux-Trinker ist von Natur aus zivilisiert und weise.» (J.W.F. Werumeus Buning)

«Roter Bordeaux ist wie die Frau, mit der man verheiratet ist: ein ausgezeichnetes Getränk, das zu jedem Essen passt und uns dazu verhilft, das Essen zu genießen und das Leben zu bestehen.» (Frank Harris)

«Cheval Blanc ist besser als Sex.» (Eine weibliche Weinenthusiastin in der britischen Zeitschrift Decanter)

«Destillierter Tau und Honig mit dem Duft aller frischen wilden Feldblumen, die die Morgenröte begrüßen» (André L. Simon über Château d'Yquem)

«Der edelste Geschmack der Welt» (Kardinal Richelieu über den roten Bordeaux)

«Das Bukett des Château Margaux 1848» (Friedrich Engels auf die Frage einer der Töchter von Karl Marx, was für ihn Glück bedeute)

«Er füllt den Mund mit einem Strom von Frische und sinkt dann kühl und fieberfrei nach unten, wobei man ihn nicht mit der Leber ringen fühlt. Nein, er ist ein Friedensstifter, der dort so ruhig verweilt, wie er es in der Traube tat.» (John Keats)

«Der Bordeaux hat mehr Geschmack, Variation und Rang; es ist ein interessanterer Wein als der Burgunder; eine Geige im Vergleich zu einer Trompete, ein Bariton im Vergleich zu einem Bass.» (Edmund Penning-Rowsell)

«Wer ein ernst zu nehmender Weintrinker werden will, muss Bordeaux trinken.» (Samuel Johnson)

Die besten …
Bordeaux- und Entre-Deux-Mers-Weißweine

Bis weit ins vorige Jahrhundert hinein war der trockene weiße Bordeaux im Prinzip ein minderwertiger Wein. Dank einer besseren Technik, besserer Kellerausrüstung und einiger Wegbereiter hat sich seine Durchschnittsqualität jedoch sprunghaft verbessert. Hier eine Liste der tonangebenden Châteaux auf der neuen Weißweinwelle im Bordelais, die auch den verwandten Entre-Deux-Mers erfasst hat.

Château Bauduc, Créon
(Bordeaux, u. a. die Selektion Les Trois Hectares, ein reinsortiger Sémillon)
Château Bel Air (Perponcher),
Naujan-et-Postiac (speziell die Cuvée Passion; das Gut erzeugt sowohl weißen Bordeaux als auch Entre-Deux-Mers)
Château de Bonhoste,
Saint-Jean-de-Blaignac (Bordeaux)
Château Bonnet Grézillac
(zwei Entre-Deux-Mers; die Réserve mit Fassreifung)
Château de Camarsac, Camarsac
(Entre-Deux-Mers)
Château Carsin, Rions
(Bordeaux in zwei Sorten, darunter die toastige Cuvée Prestige)

Sauvignon blanc verleiht den Weinen Frische

Château Castenet-Greffier, Auriolles
(Entre-Deux-Mers)
Château La Commanderie de Queyret,
Saint-Antoine-du-Queyret (Bordeaux und Entre-Deux-Mers)

Ch. Nardique La Gravière

Château de Crain, Baron (Entre-Deux-Mers)

Château de Fontenille, La Sauve Majeure (Entre-Deux-Mers)

Château Haut-Rian, Rions (Bordeaux und Entre-Deux-Mers)

Château du Juge, Cadillac (Bordeaux)

Château Landereau, Sadirac (Bordeaux)

Château La Mothe du Barry, Moulon (Entre-Deux-Mers)

Château Moulin de Launay, Soussac (Entre-Deux-Mers)

Château Mylord, Grézillac (Bordeaux und Entre-Deux-Mers)

Château Nardique La Gravière, Saint-Genès-de-Lombaud (Entre-Deux-Mers)

Château Rauzan Despagne, Naujan-et-Postiac (u. a. die Cuvée Passion)

Château Reynon, Béguey (von Prof. Dubourdieu; man beachte vor allem den Bordeaux Vieilles Vignes)

Château Sainte-Mairie, Targon (Entre-Deux-Mers der einfachen Art und die Cuvée Madlys mit Fassgärung)

Château de Sours, Saint-Quentin-de-Baron (Bordeaux)

Château Thieuley, La Sauve Majeure (Entre-Deux-Mers)

Château Tour de Mirambeau, Naujan-et-Postiac (Bordeaux)

Château Turcaud, La Sauve Majeure (Bordeaux und Entre-Deux-Mers)

Château Vignol, Saint-Quentin-de-Baron (Entre-Deux-Mers)

Mit Sauvignon blanc bepflanzter Weinberg in der Region Entre-Deux-Mers

Die empfehlenswertesten ... Zweitweine

Einige Spitzenchâteaux wie etwa Mouton-Rothschild, Lafite-Rothschild, Margaux und Latour gingen als erste dazu über, neben ihrem *Grand vin* einen zweiten Wein auf den Markt zu bringen. Er stammte meist von relativ jungen Rebstöcken und hatte etwas weniger Qualität. Weil der Zweitwein aber auf demselben Boden wuchs und vom selben Winzer und im gleichen Keller bereitet wurde, war er dem ersten Wein des Gutes dennoch sehr ähnlich. Nur sein Preis fiel entschieden niedriger aus. Daher begrüßten die Händler und Verbraucher den Zweitwein voller Begeisterung. Als der *Grand vin* der großen Châteaux in den 1980er-Jahren immer teurer wurde, wurde der Zweitwein noch beliebter. Heute erzeugt fast jedes namhafte Bordeaux-Gut einen solchen. Im Folgenden werden die durchschnittlich besten Zweitweine aufgelistet. Im Vergleich zum Erstwein desselben Château bieten sie häufig für die Hälfte des Preises zu zwei Dritteln die gleiche Qualität. Bei der Herkunftsbezeichnung entspricht die Reihenfolge meiner persönlichen Vorliebe.

Margaux

Pavillon Rouge
Château Margaux
Ségla
Château Rauzan-Ségla
Alter Ego de Palmer
Château Palmer
Les Hauts du Tertre
Château du Tertre

Pauillac

Les Forts de Latour
Château Latour
Carruades de Lafite
Château Lafite-Rothschild
Le Petit de Mouton
Château Mouton-Rothschild

Ch. Latour

La Réserve de la Comtesse
Château Pichon-Longueville Comtesse de Lalande
Les Hauts de Pontet
Château Pontet-Canet
Château Haut-Bages Averous
Château Lynch-Bages
Les Tourelles de Longueville
Château Pichon-Longueville

Pessac-Léognan

Les Bahans de Haut-Brion (rot)
Château Haut-Brion
L'Esprit de Chevalier (weiß und rot)
Domaine de Chevalier
L'Abeille de Fieuzal (rot)
Château de Fieuzal
Les Hauts de Smith (weiß und rot)
Château Smith-Haut-Lafitte
Le Clémentine de Pape-Clément (rot)
Château Pape Clément
La Parde de Haut-Bailly (rot)
Château Haut-Bailly
La Louvière (weiß und rot)
Château La Louvière

Pomerol

La Gravette de Certan
Vieux Château Certan
L'Hospitalet de Gazin
Château Gazin

Fleur de Clinet
Château Clinet
Pensées de Lafleur
Château Lafleur

Saint-Emilion

Petit Cheval
Château Cheval Blanc
Mondot
Château Troplong-Mondot
Le Carillon de l'Angélus
Château Angélus
Clos Canon
Château Canon
Saint Paul de Dominique
Château La Dominique

Saint-Estèphe

Les Pagodes de Cos
Château Cos d'Estournel
La Dame de Montrose
Château Montrose
Numéro 2 de Lafon-Rochet
Château Lafon-Rochet

Saint-Julien

Clos du Marquis
Château Léoville-Las-Cases
Château Moulin Riche
Château Léoville-Poyferré
La Croix de Beaucaillou
Château Ducru-Beaucaillou

Sarget de Gruaud-Larose
Château Gruaud-Larose
Les Fiefs de Lagrange
Château Lagrange
La Réserve de Léoville Barton
Château Léoville-Barton

Sauternes und Barsac

Castelnau de Suduiraut
Château Suduiraut
La Chapelle de Lafaurie
Château Lafaurie-Peyraguey
Le Cadet de Sigalas
Château Sigalas-Rabaud
Les Cyprès de Climens
Château Climens
Madame de Rayne
Château de Rayne-Vigneau
Les Charmilles de La Tour Blanche
Château La Tour Blanche

Die allerbesten ... Sauternes-Weine

Dank der Edelfäule haben die allerbesten Sauternes- und die dazugehörigen Barsac-Weine ein spezielles Aroma und einen üppigen, frisch-süßen Geschmack. Hier eine Liste der Spitzengüter:

Château d'Arche
Sauternes (Deuxième cru)
Château Bastor-Lamontagne
Preignac
Château Climens
Barsac (Premier cru)
Château Coutet
Barsac (Premier cru)
Château Gilette
Preignac (mindestens 15 Jahre alter Wein)
Château Guiraud
Sauternes (Premier cru)
Château Lafaurie-Peyraguey
Bommes (Premier cru)
Château de Malle
Preignac (Deuxième cru)
Château Nairac
Barsac (Deuxième cru)
Château Raymond-Lafond
Sauternes
Château Rieussec
Fargues (Premier cru)
Château Sigalas-Rabaud
Bommes (Premier cru)
Château Suduiraut
Preignac (Premier cru)
Château La Tour Blanche
Bommes (Premier cru)
Château d'Yquem
Sauternes (Premier cru supérieur; die Steigerungsstufe des Sauternes, bei der man das schmeckt, was die Traube ausmacht)

Die gastlichsten ... Châteaux von Sauternes

Nur auf einigen wenigen Weingütern von Sauternes und Barsac darf man den edlen, goldgetönten süßen Wein jederzeit gratis verkosten. Hier eine Auswahl der besten Weine je Anbaugemeinde.

Barsac

Château de Myrat (Tel. 05 56 27 11 75)

Seit 1988 völlig neu konzipiertes und renoviertes Gut, dessen Wein mit der Alterung der Rebstöcke an Güte hinzugewinnt. Sowohl das Château als auch der dazugehörige Park stammen aus dem 18. Jahrhundert, während das überirdische Weinlager, der *chai*, in klassischem Stil restauriert wurde. Alte Pressen sind ebenfalls zu besichtigen. Täglich geöffnet, Anmeldung erforderlich. Das Château gehört zu den *Deuxième crus classés*.

Bommes

Clos Haut-Peyraguey (Tel. 05 56 76 61 53)

Das ganze Jahr hindurch geöffnet, täglich bis 18 Uhr. Hier wird ein eleganter, mustergültiger Sauternes der Kategorie *Premier cru classé* hergestellt. Ein Turm bietet einen schönen Rundblick über die Umgebung.

Sauternes

Château d'Arche (Tel. 05 56 76 69 76)

Dieses Château erhebt sich auf einem Hügel über dem Dorf. Seine Geschichte reicht bis ins Jahr 1530 zurück. Es erzeugt einen fruchtigen, kernigen, auch von Holz geprägten Wein der Kategorie *Deuxième cru classé*. Geöffnet von Montag bis Freitag.

Château Guiraud
(Tel. 05 56 76 61 01)
Auf diesem großen Gut kann man neben einem guten, ausgewogenen, von Aprikosen, Honig und Toast gekennzeichneten Süßwein auch verschiedene trockene Weine der Kategorie *Premier cru classé* verkosten. Im Prinzip täglich geöffnet.

Ch. Guiraud

WEITERE AUSKÜNFTE

Wenn Sie weitere Informationen für Ihren Besuch benötigen, wenden Sie sich bitte an das Office du Tourisme in Sauternes (das an der Auswahl der gastlichsten Châteaux beteiligt war) und an die dazugehörige Ambassade de Sauternes in Barsac, die sich ebenfalls in dem Dorf Sauternes befindet. Möchten Sie das legendäre Château d'Yquem sehen? Auch das geht, wenn auch lieber nicht zur Erntezeit oder am Wochenende. Der Besuch ist nur auf Vereinbarung möglich (Tel. 05 57 98 07 07, Fax 05 57 98 07 08 oder schriftlich F-3210 Sauternes, adressieren an den Comte Alexandre de Lur Saluces).

Die preiswertesten …
Weingebiete

Leider sind die besseren Weine mit den großen Namen heutzutage ausgesprochen teuer. Für einen guten Margaux, Pauillac, Pomerol oder Saint-Emilion muss man tief in die Tasche greifen. Das Bordelais bietet jedoch auch Alternativen: In einigen Gebieten ist Qualität noch preiswert zu bekommen.

Anstelle von Médoc

Einen guten Ersatz für Médoc-Weine (Haut-Médoc, Listrac-Médoc, Margaux, Médoc, Moulis-en-Médoc, Pauillac, Saint-Estèphe, Saint-Julien) bieten zunächst die *Graves*-Weine. Sie sind dem Médoc weitgehend ähnlich, im Allgemeinen aber etwas milder, erdiger und rauchiger. Einen noch besseren Ersatz bietet die Steigerungsstufe des Graves, der Pessac-Léognan, aber dessen Preis liegt meist ebenso hoch wie beim Médoc. Die Premières Côtes de Blaye kommen auch in Frage, da sie eine Médoc-artige Eleganz aufweisen. Eine gewisse Verwandtschaft mit dem Graves – also auch mit dem Médoc – weisen außerdem die besten Premières Côtes de Bordeaux und Sainte-Foy Bordeaux auf (siehe auch «Das bestgehütete Weingeheimnis», Seite 22).

Ch. Maison Blanche in Montagne-Saint-Emilion

Ch. Poupille hat einen exzellenten Côtes de Castillon zu bieten

Anstelle von Pomerol und Saint-Emilion

In der Umgebung von Pomerol und Saint-Emilion liegen ein paar «Satelliten»-Gemeinden; dort wird vergleichbarer Wein bereitet. Man benutzt dieselben Rebsorten, vor allem also Merlot. Die gelungensten Weine aus diesen Orten sind kaum schlechter als die Weine der bekannteren Appellationen – abgesehen vom Preis. So gibt es in Lalande-de-Pomerol Weine, die fast genauso kräftig, fruchtig, sahnig-rund und perfekt sind wie ein echter Pomerol. Zahlreiche Alternativen für den Saint-Emilion gibt es in Lussac-Saint-Emilion, Montagne-Saint-Emilion, Puisseguin-Saint-Emilion und – allen voran – in Saint-Georges-Saint-Emilion. Einen guten Ersatz für den Pomerol und Saint-Emilion bieten auch die Weine aus Canon-Fronsac und Fronsac, obwohl die besten Weine dort jetzt wesentlich mehr kosten als vor zehn Jahren. In der Zwischenzeit haben immer mehr Weinfreunde entdeckt, wie wunderbar die Gewächse dieser beiden kleinen, aneinander grenzenden Gebiete sein können. Östlich von Saint-Emilion und seinen Satelliten liegen noch zwei Standorte, die einen attraktiven, auf Merlot basierenden Rotwein liefern: Côtes de Castillon sowie Bordeaux-Côtes de Francs.

Die allerbesten …
Pomerol-Weine

Im Gegensatz zu den anderen bekannten Bordeaux-Gebieten besitzt Pomerol keine gesetzlich verankerte Klassifikation. Allerdings gibt es eine kleine Spitzengruppe, die sich von den anderen Weinen abhebt. All diese Weine werden in der Gemeinde Pomerol selbst erzeugt. Die meisten Rebstöcke stehen auf dem Zentralplateau, das einen sehr lehmhaltigen Boden hat, der speziell dem Merlot entgegenkommt.

Château Le Bon Pasteur
Einer der eigenen Weine des berühmten, international aktiven Önologen Michel Rolland. Er hat eine massive Farbe, einen fleischigen, fast üppigen und delikaten Geschmack, reichlich Frucht (Pflaume und Kirsche) und rauchiges, getoastetes Holz.

Château Clinet
Die Trauben für diesen Wein werden meist äußerst spät gelesen. Der Wein lagert mindestens zwei Jahre in neuen Fässern. Das Ergebnis ist ein sehr intensiver, voll-fruchtiger, komplexer und nachhaltiger Pomerol.

Château La Conseillante
Raffinierter, außerordentlich betörender, auf die Dauer satinartiger Wein, bei dem die reife Frucht und das getoastete Holz wunderbar im Gleichgewicht sind. Er kann problemlos zehn bis zwanzig Jahre Kellerruhe vertragen.

Ch. La Conseillante

Château l'Eglise-Clinet

Dieser vornehme Pomerol verdankt seine Klasse nicht nur einigen Parzellen voller alter Rebstöcke, sondern auch der tadellosen Weinbereitung. Er hat einen samtigen, fast sahnigen Geschmack mit Frucht und Rösttönen, darunter Kakao.

Château l'Evangile

Von den Domaines Baron de Rothschild erzeugter Wein, der gewöhnlich Nuancen von feinen roten und dunklen Früchten, Frühlingsblumen, Lakritze, Lorbeer, integriertem Holz und mineralischem Körper aufweist.

Château La Fleur de Gay

Hier handelt es sich um eine besondere, zu 100% aus Merlot bereitete Selektion des Château La Croix de Gay. In Bukett und Geschmack herrschen florale Fruchtigkeit, rauchiges Holz und viel Sahne vor. Die Weinbereitung geschieht hier bei ungewöhnlich hohen Gärtemperaturen. Das ergibt Weine mit vollem Geschmack und konzentrierter Frucht.

Château La Fleur-Pétrus

Vornehmer Pomerol, komplexer als die meisten anderen, aber nicht so rund und mild. In ausgereifter Form besitzt er einen seidigen, aber energischen Geschmack mit zurückhaltender Frucht und edlem Holz.

Das Herz von Pomerol

Château Hosanna

Körperreiche, vollmundige Kreation, die 1999 auf den Markt kam. Der Wein stammt von den besten Parzellen mit den ältesten Stöcken, die früher zum Château Certan-Giraud (vom Haus Jean-Pierre Moueix übernommen) gehörten.

Ch. Pétrus

Château Lafleur

Dank des perfekten Bodens, der alten Rebstöcke und einer rigorosen Selektion gehört Lafleur meist zur Pomerol-Spitzenklasse. Der besonders konzentrierte und häufig tanninreiche Wein entfaltet sich nicht so schnell.

Château Latour à Pomerol

Dieser Wein hat einen dicken, außergewöhnlich ausgiebigen Geschmack, der im Mund samtig ist, aber dennoch so viel integriertes Tannin enthält, dass er lange in der Flasche reifen kann. Er hat ein beinahe trüffelartiges Aroma.

Château Nenin

Nach der Übernahme durch die Familie Delon (vom Château Léoville Las Cases in Saint-Julien) hat sich der Nenin-Wein spektakulär verbessert. Dieser großzügige Pomerol trieft jetzt von dunkler Frucht, die in Toast eingefasst ist.

Château Pétrus

Ein in jeder Hinsicht meisterhafter Wein, der mit seiner unglaublichen Konzentration und dem vollen Aroma von sirupartiger Frucht, Gewürz, Trüffel, Schokolade, Kaffee, Tabak, Toast, Vanille und Eiche die Sinne betört.

Château Le Pin

Bei jeder Ernte fallen nur ungefähr 600 Kisten von diesem Wein an, um die man sich streitet. Der Wein hat den üppigen,

Ch. Trotanoy

Vieux Ch. Certan

dekadenten Geschmack fast überreifer Früchte sowie ein markantes Aroma von gebranntem Holz.

Château Trotanoy

Vor allem in großen Weinjahren ist der Trotanoy eine glänzende Kreation. Dann ist er dunkelfarben, hat ein intensives Bukett und einen extraktreichen, ziemlich eleganten Geschmack voller schwarzer Kirsche, Toast, Leder, Gewürz und Tannin.

Vieux Château Certan

Ein außerordentlich verlässlicher Pomerol, der schon sehr lange zu den besten des Gebiets gehört. Es ist ein klassischer Wein, der also reichlich Tannin und Holz besitzt. Daneben hat der Wein auch Stil, Komplexität und Charakter. Er zeichnet sich auch durch besondere Komplexität aus.

Der beste … Verband von Blaye

Seit vielen Generationen waren nur Médoc-Hersteller berechtigt, die Klassifizierung *Cru bourgeois* zu führen. Das hat sich in den 1990er-Jahren geändert: Die französische Legislative hat bewilligt, dass auch die Châteaux der Premières Côtes de Blaye so eingestuft werden. Das war übrigens in der zweiten Hälfte des 19. Jahrhunderts auch schon geschehen. Güter, die im Gebiet Blaye Mitglied des Syndikats *Cru bourgeois* werden möchten, müssen einen mindestens 5 ha großen Weingarten haben. Zudem müssen sie eine Charta unterschreiben, die eine Reihe von Vorschriften enthält. Die wichtigste Regel lautet, dass der Wein vor der Flaschenabfüllung einer Warenprüfung unterzogen wird. Diese wird von unabhängigen Sachverständigen durchgeführt. Insbesondere wird überprüft, ob der Wein ein angemessenes Reifungspotenzial hat. Zusätzlich ist vorgeschrieben, dass der Wein im Fass ausgebaut und erst nach Ablauf von 18 Monaten auf den Markt gebracht wird. Jedes Verbandsmitglied muss zudem auf den Empfang von Besuchern eingerichtet sein.

Zurzeit gehören folgende Weingüter dem Verband an:

Château La Cassagne-Boutet (Cars)
Altes, bescheidenes Gut, dessen Weine dank strengster Selektion höchst zuverlässig sind.

Château les Chaumes (Fours)
Traditionell orientiertes Gut, das 5 km nördlich von Blaye liegt. Nur der beste Wein trägt das Prädikat *Cru bourgeois*.

Château Corps-de-Loup (Anglade)
Der hier bereitete Rotwein stammt von Rebstöcken, die im Durchschnitt 25 Jahre alt sind. Er lagert 18 bis 24 Monate im Fass.

Château Crusquet-de-Lagarcie (Cars)
Der Keller mit den Beton- und Holzbehältern zum Gären lohnt einen Besuch. Auch der meist kräftige Wein ist zu empfehlen.

Château Crusquet-Sabourin (Cars)
Dieses Gut wurde 1964 von dem früheren abgetrennt. Es erzeugt einen schmackhaften Wein voller Frucht und Energie.

Château Les Petits Arnauds (Cars)
Wegen seines hohen Merlot-Anteils hat dieser namhafte Wein einen von dunklen Früchten und milden Tanninen geprägten Charakter.

Ch. Crusquet-Sabourin

Château Peybonhomme Les Tours (Cars)
Hoch gelegenes Gut, dessen Turm schon von weitem sichtbar ist. Sein ziemlich extraktreicher Wein kann lange lagern.

Château Peymelon (Cars)
Weniger als ein Zehntel der Ernte kommt als *Cru bourgeois* auf den Markt. Das ist der beste und konzentrierteste Teil des hier erzeugten Weins.

Château Peyreyre (Saint-Martin-Lacaussade)
Der hier angebaute Wein ist traditionell vinifiziert und weist etwas Tannin und würziges Holz auf.

Château Les Peyrrissolles (Saint-Martin-Lacaussade)
Seit 1995 haben die neuen Inhaber diesem alten Rotwein neue Impulse verliehen.

Château Prieuré Malesan (Saint-Genès-de-Blaye)
Heimstatt eines harmonischen, während 16 Monate im Fass gelagerten Weins von tadelloser Qualität.

Château Segonzac (Saint-Genès-de-Blaye)
Prachtvolles, auf einem Hügel gelegenes Château, dessen mustergültiger Vieilles Vignes das Prädikat *Cru bourgeois* trägt. Das Gut bringt sehr fruchtigen, leichten und milden Wein hervor.

Index der Châteaux

Fett gedruckte Zahlen verweisen auf fotografische Abbildungen.

Ch. Prieuré Malesan